긍정아, 너를 믿지 못하겠다

궁정아,
너를 믿지 못하겠다

석필 지음

창해

자연법칙은 가차 없다

아인슈타인 박사라도 우주의 자연법칙을 믿지 않는다면 죽는 수밖에 없다.

If Mr. Einstein doesn't like the natural laws of the universe, let him go back to where he came from.

- 로버트 벤츨리(Robert Benchley, 칼럼니스트/영화배우)

유튜브(YouTube)에는 가파른 절벽이나 고층건물 옥상 난간에서 셀피(Selfie)를 찍다가 추락사하는 장면을 담은 동영상이 많이 올라와 있다. 육체는 땅과 충돌하면서 분리되고 으깨어지는 것이 보통이다.

그런데 사람들은 왜 그렇게 위험한 행동을 하는 것일까? 목숨을 걸 만큼 셀피가 중요하기 때문일까, 아니면 자신은 어떤 경우든 사고를 당하지 않을 것이라 자신하기 때문일까?

셀피가 목숨보다 중요하다고 할 사람은 단 한 사람도 없다. 그렇다면 불행한 사고가 자신만은 비켜 가리라는 자신감 때문에 그렇게 위험한 행동을 했을 가능성이 가장 높다.

염세적인 사람들을 제외하고 정도의 차이는 있지만 대부분 '나는 별 탈 없을 것이다', '나는 남들보다 운이 좋다', '나는 선택된 인간이다'라고 생각한다. 하지만 절벽에서 떨어지는 순간, 그런 자신감이 자연법칙에서는 하등 쓸모없는 것임을 깨닫게 된다.

노벨상을 받은 사람도, 기도로 불치병 환자를 척척 고친다는 종교인도, 전쟁 영웅도 벼랑 끝에서는 아주 사소한 실수로 추락해서 허무하게 죽는다. 자연법칙을 무시한 대가는 절대적이고 참혹하다.

1970년대 초반, 대학교 1학년 때의 일이다.

정류장에 길게 줄지어 늘어선 버스 사이를 뚫고 뛰어서 길을 건너는데 버스 한 대가 무서운 속력으로 달려왔다. 당시에는 버스가 순서를 기다리지 않고 추월해서 맨 앞으로 가 승객을 내리게 하거나 태우는 일이 흔했기 때문이다. 순간 나는 '아, 이렇게 죽는구나' 생각했다. 시간상으로는 도저히 그 버스를 피할 수 없었다.

그런데 버스 운전사가 황급히 핸들을 꺾었고, 버스는 바람을 일으키며 내 옆을 몇 센티미터 차이로 비켜 지나갔다. 승객을 가득 실은 그 버스는 옆으로 쓰러질 듯 기우뚱하다가 끽 소리를 내며 멈춰 섰다.

운전사가 버스에서 내려 욕을 퍼부으며 다가왔다. 그러더니 가슴을 쓸어내리며 말했다.

"학생, 하늘이 도왔어!"

그날 나는 어떤 경우에도 교통사고를 당하지 않으리라는 생각에서 그렇게 무모하게 길을 건너려 했는지 모른다. 버스 운전사 또한 매일 고속으로 달려도 아무 일이 없었기 때문에 그날도 난폭하게 운전을 했을 것이다.

사고방식은 자연법칙을 받아들이느냐 거부하느냐에 따라 달라진다.

Attitude is your acceptance of the natural laws, or your rejection of the natural laws.

- 스튜어트 체이스(Stuart Chase, 경제학자)

사람은 자연법칙을 토대로 살아간다. 행동, 생각, 거래 등의 모든 인간사는 자연법칙의 테두리를 벗어날 수 없다. 자연법칙을 무시하다가는 절벽에서 추락하듯 끔찍한 결말을 맞게 된다.

그런데 자연법칙을 초월할 수 있다는 생각이 문제다. 《성경》에 따르면 하나님은 태양을 뒤로 물러가게 하고, 바닷물 사이로 길을 내어 사람들을 건너게 하며, 해골에 생명을 불어넣어 다시 살아나게 한다. 또한 예수로 하여금 물위를 걷게 하고, 맹물로 포도주를 만들게 하며, 죽은 지 사흘이나 된 시체를 살리기도 한다. 그래서 사람도 그렇게 할 수 있다고 착각해서 평생 그 경지에 도달하려 애쓰다 인생을 허비하기도 한다.

그러나 《성경》 속 인물들도 때로 기적을 체험하기도 하지만 모두 자연법칙에 따라 죽음을 맞았다. 그들은 대부분 열심히 일했고, 그러다가 다른 사람들과 마찬가지로 병이 들거나 가난을 경험했으며, 남들로부터 공격을 받아 크게 다치거나 죽기도 했다.

자연법칙을 접한다는 것은 그 법칙에 내포된 신의 뜻을 접하는 것이다.

It is evident that an acquaintance with natural laws means no less than an acquaintance with the mind of God therein expressed.

- 제임스 프레스콧 줄(James Prescott Joule, 물리학자)

그런 점에서 《성경》은 자연법칙이 기적보다 중요하다는 것을 암시한다. 자연법칙이 현실이라는 점에서 현실은 기적보다 더 중요하다.

그럼에도 인간은 예전부터 자연법칙을 초월하는 기적 또는 놀라운 일을 추구해왔다. 모든 사람이 그랬다는 것이 아니라 일부가 그러했다. 그러다가 산업혁명이 일어나면서 문명과 문화가 급변하기 시작했다. 산업혁명은 자연법칙, 즉 현실에 그 뿌리를 두지만 아이러니하게도 산업혁명으로 자연법칙 또는 현실을 초월하고자 하는 사고가 더 깊이 더 넓게 퍼졌다. 긍정적 사고방식이 바로 그것이다.

그래서 지금은 종교는 물론 정치와 군사, 비즈니스와 경제, 문화와 스포츠, 심지어 인간관계에까지 긍정적 사고가 영향을 미치고 있다. 나는 긍정적 사고의 충실한 이행자로서 그 해악을 알리지 않을 수 없다.

> 자연을 연구하는 목적은 전혀 후회하지 않는 자연을 닮아가기 위해서다.
> The study of Nature makes a man at last as remorseless as nature.
> - 허버트 조지 웰스(Herbert George Wells, 소설가)

긍정적 사고가 아니더라도 인간은 각종 인지적 오류를 범하며 살고 있다. 내가 고등학교에 다닐 때는 우리나라도 그랬지만 일본에서도 명문 대학 입학을 위한 재수가 당연시되었다. 도쿄대학 입시를 마치고 나온 학생이 시험을 형편없이 본 줄 알고 자살했는데, 나중에 확인해보니 합격했다는 신문기사를 본 적이 있다. 이와는 반대로 나는 1960년대 중반 중학교 입학시험을 잘 치렀다는 자신감에 합격을 확신했다가 날벼락을 맞았다. 그런가 하면 어느 여성이 자신을 좋아하는 줄 알고 프러포즈했다가 망신을 당하는 것이 남성들에게는 흔한 일이다.

이와 같은 인지적 오류가 조직 차원에서 발생하면 심각해진다. 기업체가 망할 수 있고, 나라가 혼란에 빠지며 전쟁이 일어날 수도 있다. 역사책은 지도자의 인지적 오류로 벌어진 결과들을 보여준다.

인지적 오류는 인류가 시작된 이래 쭉 이어져온 현상이지만, 여기에 긍정적 사고가 더해지면 피해가 몇 배나 커진다. 긍정적 사고는 인지적 오류를 악화시킨다.

이 책은 그동안 무조건 '좋은 것'인 줄로만 알았던 긍정적 사고가 왜 위험한지를 설명하고, 그 사고가 각종 인지적 오류와 결합할 때 어떤 부작용이 발생하는지를 경고하면서 현실을 냉철하게 바라볼 것을 주문하고 있다.

현실과 동떨어진 생각은 반드시 우리를 배신한다.

인생은 극복해야 할 난관이 아니라 경험해야 할 현실이다.

Life is not a problem to be solved, but a reality to be experienced.

- 쇠렌 키르케고르(Søren Kierkegaard, 철학자)

차례

Part 1

긍정적 사고는 자기기만이다

Part 2

사람은 안정 편향적 동물이다

Part 3
긍정적 망상에서 탈출해야 산다

당신이 어떤 것에 정신이 빠져 있는 동안에는
당신의 삶에서 그것처럼 중요한 것이 없다.

Nothing in life is as important as you think it is,
while you are thinking about it.

- 대니얼 카너먼(Daniel Kahneman, 심리학자/경제학자)

망상을 갈망하면
상당한 지성을 버리는 대신 무지를 얻게 된다.

A great deal of intelligence can be invested
in ignorance when the need for illusion is deep.

– 솔 벨로(Saul Bellow, 노벨문학상 수상자)

Part 1

긍정적 사고는 자기기만이다

나는 긍정적 사고의 대표적인 실패 사례다

긍정적 사고의 철학은 진실하지 않다는 것을 뜻한다. 정직하지 않다는 말이다. 긍정적 사고는 무엇을 보면서도 그 본 것을 부인하는 태도이다. 이는 자신뿐만 아니라 타인들도 속이는 것이다.

The philosophy of positive thinking means being untruthful. It means being dishonest. It means seeing a certain thing and yet denying what you have seen; it means deceiving yourself and others.

- 오쇼 라즈니쉬(Osho Rajneesh, 철학자)

70년 가까이 살아오는 동안 보람된 기억보다는 후회되는 일이 100배는 더 많은 것 같다. 그 가운데서 가장 후회되는 일은 중학교 2학년 때 '긍정적 사고'와 관련된 서적에 손을 댄 것이다. 나의 생각에 따라 내 몸과 나를 둘러싼 환경이 움직이기 때문에 좋은 것을 기대하면 좋은 것이 오고, 큰 것을 기대하면 큰 것이

오고, 불길한 것을 상상하면 불길한 일이 벌어진다는 것이다. 나는 그 책을 보고 황홀했다.

그 이후 되도록 긍정적 사고에 배치되는 생각을 하지 않고 그런 말도 듣지 않으려 노력했다. 그러면서 급하던 성격이 느긋해졌다. 그전에는 그날 해야 할 공부를 그날 하지 않으면 불안감을 느꼈다. 비록 좋은 학교는 아니었지만 전교 1, 2등을 다투는 우등생이었는데, 그 책을 읽은 뒤로는 공부를 미뤄도 벼락치기로 얼마든지 따라잡을 수 있으리라는 자신감이 생겼다. 나는 현재가 아닌 먼 미래를 꿈꾸는 데 많은 시간을 소비했다. 다음과 같은 내용의 미래 계획을 노트에 적어두고 수시로 읽었다.

- 중학교 수석 졸업, 경기고등학교(한국 최고의 명문고) 수석 입학
- 고등학교 2학년 때 검정고시 합격, 서울대학교 경제학과에 수석 입학해서 일간지에 대서특필
- 대학 2학년 때 입대 후 복학해서 서울대학교 전체 수석 졸업
- 미국 하버드대학교에서 경제학 박사 수여
- 서울대학교 교수로 재직하다 경제부처 장관으로 발탁
- 대한민국을 경제 최선진국으로 올려놓는 데 기여
- 세계적으로 유명한 경제학 서적 출간
- 평생 존경받으며 행복하게 살다가 90세에 잠자다가 사망

누가 보아도 성공적이고 행복한 삶이다. 그렇다면 내 꿈은 현실화되었을까? 창피하지만 사실을 있는 그대로 공개한다.

- 중학교를 거의 말석으로 졸업(중학교 2학년 1학기까지는 최우등생이었다)
- 고등학교(대학 진학률이 전국 꼴찌에서 10번째 안에 드는 학교)에 진학해 이과반 270여 명 중 258등으로 졸업(나는 대입 시험을 6개월 앞두고도 서울대학교 경제학과 입학을 꿈꿨다)
- 2년 재수 끝에 간신히 3류 대학 입학
- 대학 졸업 후 그럴듯한 직장도 없이 프리랜서로 갖가지 일을 하며 지내옴.

누가 보더라도 그리 성공적이지 않은 삶이다. 긍정적 사고로 성공적인 삶을 영위하는 사람들도 있을 것이다. 하지만 나에게 긍정적 사고는 '언제라도 기적을 일으킬 수 있다'는 헛된 망상을 심어주었고, 그로 인해 게을러졌다. 오늘 할 일을 내일로 미루는 버릇이 수십 년째 이어져왔다. 언제라도 집중하면 순식간에 해낼 수 있다는 자신감 때문이었다.

문제는 현실이 나의 자신감에 전혀 관심이 없다는 것이다.

긍정적 사고는 지적 수준이 떨어지는 사람들에게나 먹힌다.

It appeals particularly to mediocre minds.

- 오쇼 라즈니쉬(Osho Rajneesh, 철학자)

긍정적 사고란 무엇인가

바보가 되는 방법이 두 가지 있다. 하나는 진실이 아닌 것을 믿는 것이고, 다른 하나는 진실인 것을 믿지 않는 것이다.

There are two ways to be fooled. One is to believe what isn't true; the other is to refuse to believe what is true.

- 쇠렌 키르케고르(Søren Kierkegaard, 철학자)

정통 심리학자들은 긍정적 사고를 대중심리학의 일부로 분류해 무시하는 경향이 있다. 그런데도 긍정적 사고처럼 우리 입에 많이 오르내리는 개념도 없다. 정치인, 사업가, 공무원, 종교인, 교육자 및 학생까지 거의 모든 사람의 입에서 툭하면 "긍정적으로 생각하라"는 말이 튀어나온다.

긍정적 사고에서의 사고(思考)는 '원하는 것을 얻기 위해', '목표를 달성하기 위해' 또는 '무언가가 내 마음대로 전개될 것이라' 생각한다는 말이다. 즉, 소망하는 바가 이루어진다고 믿는 것이다.

긍정적으로 생각하라는 말은 곧 부정적이거나 비관적인 생각을 하지 말라는 것이다. 이를테면 학생은 '공부를 잘할 수 있다', 사업가는 '돈을 더 많이 벌 수 있다', 직장인은 '더 높이 승진할 수 있다', 작가는 '노벨문학상을 받을 만한 작품을 쓸 수 있다'는 식으로 생각하라는 것이다. 긍정적 사고를 주창하는 한 인터넷 사이트에는 다음과 같이 글이 적혀 있다.

소망이란?
그것은 당신의 정신에서 생겨나는 생각으로서 현실화될 수 있는데, 당신 자신과 당신이 소유한 내면의 힘 때문이다. 소망은 인간의 마음에서 생겨나는 생각으로 내면의 힘에 의해 현실이 된다. 연구자들은 오랜 기간의 연구 결과 그 생각이 자석처럼 외부 세계를 끌어당겨 변화시킨다는 것을 알아냈다. 모든 사람들에게 막강한 능력을 안겨주어 에너지를 만들게 하고, 소망이 이루어지게 한다는 점에서 매우 반가운 발견이다.

이 주장이 사실일까? 인류의 역사가 수천 년에서 수만 년이 되는데 원하는 대로 생각해서 그대로 현실화되었다면, 즉 인간의 소망이 이루어져왔다면 지금쯤 지구는 걱정거리, 근심거리가 다 사라진 천국이 되어야 할 것이다(긍정적 사고라는 말이 생기기 전부터 인간은 긍정적으로 생각하려는 경향이 있었다). 따라서 일단은 긍정적 사고의 효과에 대해 의심을 품는 것이 당연하다.

먼저 긍정적 사고와 관련 있는 개념들을 살펴볼 필요가 있다. 그래야만 긍정적 사고의 정의를 명확히 이해할 수 있을 것이기 때문이다. 긍정적 사고를 쉽게 이해하려면 긍정적 사고와 밀접한 사고, 즉 소망적 사고와 부정적 사고도 살펴볼 필요가 있다.

긍정적 사고(Positive thinking)

- '적극적 사고'라고도 한다.
- '내게 좋은 것' 또는 '내게 도움이 되는 결과'를 기대하는 정신적·감정적 태도이다. 설사 계획대로 일이 진행되지 않더라도 실망하지 않는다.
- 어떤 상황에서 부정적인 면보다는 좋고 긍정적인 면에 초점을 맞춘다. 내 기분을 해치는 부정적인 것에는 일절 신경 쓰지 않는다.
- 낙관주의(Optimism)와 밀접한 관계가 있으며, 좀 더 유복하고 행복한 삶을 꿈꾼다. 장애, 문제, 지연 같은 것들을 걱정하거나 두려워하지 않는다.

▪관련 단어–어리석을 정도의 낙천주의(Pollyannaism), 밝은 전망(Bright outlook), 어리석음(Bullishness), 기분 좋음(Cheerfulness), 열의(Enthusiasm), 엄청난 기대(Great expectations), 장밋빛 기대(Rosy outlook), 희망에 참(Hopefulness), 낙관주의(Optimism), 밝은 희망(Silver lining)

소망적 사고(Wishful thinking)

▪내가 원하지만 실제로 현실화할 가능성이 희박한 어떤 일이 일어나기를 바라는 태도 또는 신념이다.

▪진실이길 바라는 어떤 것이 정말로 진실이길 바라는 마음이다.

▪관련 단어 – 착각(Delusion), 판타지(Fantasy), 잘못된 믿음(Mistaken belief), 자기기만(Self–deception)

부정적 사고(Negative thinking)

▪모든 상황에서 최악의 것을 찾으려 하거나 가능한 시나리오 중에서 최악의 것을 고려해 자신의 기대를 낮춘다.

▪긍정적 사고(적극적 사고)의 반대말이다.

▪관련 단어 – 낙심(Discouragement), 냉소주의(Cynicism), 패배주의(Defeatism), 적대적인(Chip on one's shoulder), 애매모호한 전망(Dim view), 어두운 전망(Gloomy outlook), 절망(Hopelessness),

최악의 기대(Expectation of the worst), 무기력(Low spirits), 비관론(Pessimism), 부정주의(Negativism), 자신감 결여(Lack of confidence)

이러한 설명은 심리학 사전을 펼친 것처럼 무미건조해서 사고 간의 차이가 눈에 잘 들어오지 않을 것이다. 이럴 때는 사례를 들어 비교하면 이해가 잘된다.

긍정적 사고 나는 저 30억짜리 아파트가 마음에 들어. 어떻게, 무엇을 해야 저걸 가질 수 있을까?

소망적 사고 나는 미래에 저 30억짜리 아파트를 구입하겠어.

부정적 사고 내 형편에 30억짜리 아파트는 언감생심이야.

긍정적 사고 나는 지금 학교에서 석차가 200등이야. 하지만 내가 서울대학교 캠퍼스를 거니는 장면을 상상하면 가슴이 뛰어. 내가 서울대학교에 합격할 수 있는 방법은 뭘까?

소망적 사고 나는 지금 전교에서 200등이지만 서울대학교에 합격하게 될 거야.

부정적 사고 전교에서 200등 하는 주제에 무슨 서울대학교? 아무리 기를 쓰고 공부해도 서울대학교는 못 가.

긍정적 사고 나는 키가 작고 못생겼고 돈도 없지만, 미스코리아처럼 예쁜 여자와 결혼하는 장면을 상상하면 기분이 날아갈 것 같아. 그런 여자도 반할 만한 사람이 되려면 어떻게 해야 할까?

소망적 사고 나는 키가 작고 못생겼고 돈도 없지만 미스코리아처럼 예쁜 여자하고 결혼할 거야.

부정적 사고 나는 여자들이 가장 싫어하는 유형인데 무슨 미스코리아 같은 여자? 나 좋다는 여자만 있으면 그냥 결혼하겠어.

이 사례를 통해 사고방식의 차이가 이해되었을 것이다.

망상이었다면, 설사 재앙이라 할지라도 그 망상을 깨뜨리고 나서 그 빈 자리에 진리를 밀어 넣어주는 그 재앙을 칭찬하지 않을 것인가?

Why, if it was an illusion, not praise the catastrophe, whatever it was, that destroyed illusion and put truth in it's place?

- 버지니아 울프(Virginia Woolf, 소설가)

긍정적 사고와 소망적 사고의 차이

당신의 생각은 그 무엇이라도 믿지 말라. 생각은 그저 생각일 뿐이다.

Don't believe everything you think. Thoughts are just that thoughts.

- 앨런 로코스(Allan Lokos, 명상가)

부정적 사고의 개념에서 '부정적'은 어린아이부터 노인까지 본능적으로 알고 있는 단어라서 추가 설명이 필요 없을 것이다. 하지만 긍정적 사고와 소망적 사고는 비슷한 것 같으면서도 차이가 있다. 결론부터 말하자면, 긍정적 사고에는 포함되지만 소망적 사고에는 포함되지 않는 것이 '행동'이다. 행동을 제외하면 대부분의 요인이 겹친다.

긍정적 사고 = 소망적 사고 + 행동

긍정적 사고의 효과를 깨닫게 해주는 좋은 사례가 있다. 애런 랠스턴(Aron Ralston)은 2003년 4월 26일, 유타 주의 캐니언랜즈 국립공원을 혼자 여행 중이었다. 그는 비좁은 계곡을 내려가다가 오른팔이 무게가 360kg이나 되는 바위 밑에 깔려 옴짝달싹하지 못하는 신세가 되었다. 처음엔 소리를 질러 구조 요청을 했지만 아무 소용이 없었다. 사흘쯤 지나자 '이대로 있다간 죽을 수밖에 없다. 살기 위해서는 오른팔을 잘라야 한다'는 생각이 들었다. 그는 휴대용 나이프로 팔을 잘라낸 뒤 127시간 만에 그 바위에서 해방되었고 목숨도 구할 수 있었다.

긍정적 사고에서 행동을 빼면 소망적 사고가 된다. 즉, 소망적 사고에 행동을 더하면 긍정적 사고가 된다. 만약 애런 랠스턴이 긍정적 사고가 아니라 소망적 사고를 했다면 어땠을까? 그는 신이 도와서 팔이 바위에서 저절로 빠지거나, 우연히 지나가던 사람의 눈에 띄어 발견되는 상상만 하다가 죽었을 것이다.

소망적 사고는 단 하나의 생명도 구하지 못했다.

Wishful thinking never saved a single life.

- 그렉 것펠드(Greg Gutfeld, 방송인)

이처럼 두 사고 사이에는 큰 차이가 있다. 하지만 무지 때문인지 의도적인지는 몰라도 두 사고는 혼용되고 있다. 인터넷 서점 '아마존'에서 최근에 나온 긍정적 사고 관련 서적들을 검색해보았다. 꽤 많은 책에 '긍정적 사고와 소망적 사고도 구분하지 못하고 쓴 책'이라는 혹평이 달려 있었다. 과연 그 책의 저자들이 두 사고방식의 차이를 모르고 책을 썼을까? 단언하건대 그건 아니다. 보편적으로 '소망적 사고 = 긍정적 사고'라 생각하기 때문이다.

나는 수십 년간 긍정적 사고에 대한 책을 읽어왔다. 300여 권 정도는 읽었을 것이다. 그 책들은 대부분 행동을 중요시하지 않거나 아예 언급도 하지 않은, 사실상 소망적 사고에 대한 것들이었다. 이처럼 대부분의 사람들은 소망적 사고를 긍정적 사고로 알고 있다. 심리치료사 티나 길버트슨(Tina Gilbertson)이 암시하는 대로 두 사고의 차이를 아는 전문가들조차 소망적 사고를 긍정적 사고라고 하는 데 대해 별다른 이의를 제기하지 않는다.

긍정적 사고는 술, 마리화나처럼 인간의 기분을 좋게 하는 약품과 다름없다. 그런 사고는 고통을 피할 수 있게 도와준다. 우리가 술을 마시고 마리화나를 피우는 이유가 무엇이겠는가? 기분을 좋게 하게 위해서다. 그런데 그렇게 하는 것이 장기적으로 보아 좋을까? 그렇지 않다.

현실이 이런데 우리에게 문제가 되는 것은 소망적 사고일 뿐 긍정적 사고는 아무 문제가 없다는 식으로 우길 필요는 없다. 사실 소망적 사고는 긍정적 사고에 비해 훨씬 익숙하지 않다. 따라서 이 책에서는 통념에 따라 '긍정적 사고 = 소망적 사고'라는 전제 아래 이야기를 풀어 나간다.

진실을 추구하다 보면 마지막에는 안락을 찾게 된다. 안락을 추구하면 안락도 진실도 찾지 못하고, 달콤한 상상과 소망적 사고에 빠져들면서 결국 절망을 맞게 된다.

If you look for truth, you may find comfort in the end; if you look for comfort you will not get either comfort or truth only soft soap and wishful thinking to begin, and in the end, despair.

- C. S. 루이스(C. S. Lewis, 소설가)

소망적 사고의 시작은 소망적 바라보기

언젠가는 모든 일이 잘되리라는 것이 우리의 바람이다.
오늘 모든 일이 잘되었으면 하는 것은 우리의 망상이다.

One day everything will be well, that is our hope. Everything's fine today, that is our illusion.

- 볼테르(Voltaire, 작가)

앞에서 이야기한 대로 긍정적 사고는 소망적 사고에 행동을 결합한 것이다. 따라서 소망적 사고는 곧 긍정적 사고의 핵심 구성 요인이다. 소망적 사고는 정책 결정과 믿음의 형성을 표현하는 과정에서 증거, 합리성 또는 현실보다는 즐거운 상상을 토대로 한다.

영국의 언론인 크리스토퍼 부커(Christoper Booker)는 이렇게 말했다.

(소망적 사고는) '판타지 사이클' … 개인의 일상, 정치, 역사 … 그리고 스토리텔링에서 반복되는 패턴이다. 우리가 소망적 사고에 의해 무의식적으로 어떤 행동을 시작할 때 당분간은 모든 일이 잘될 것처럼 보이는데, 이때를 '꿈의 단계(Stage of dream)'라 한다. 하지만 이와 같은 '사실인 것처럼 상상하기'는 결코 현실과 조화를 이룰 수 없기 때문에 일이 꼬이기 시작함에 따라 '좌절의 단계(Stage of frustration)'로 이어지고, 그로 인해 그 판타지를 실현 가능한 것으로 붙들어두기 위해 더 많은 노력을 기울이게 된다. 현실이 압박을 가해오면서 모든 것이 잘못되어갈 때 '악몽의 단계(Nightmare stage)'에 도달하게 되는데, 그 판타지가 결국 무너지면 현실에서 대참사가 발생한다.

소망이 없는 사람은 거의 없다. 젊은이는 명문 대학을 나와 의사나 판검사가 되고 싶다는 소망을 가질 수 있고, 사업을 막 시작하려는 이는 빌 게이츠(Bill Gates)처럼 세계적인 거부를 롤 모델로 삼을 수도 있다. 거대한 꿈이 아니더라도 대기업에 입사하거나, 임대료를 많이 받는 상가를 소유하거나, 수입이 좋은 작가가 되고 싶다는 소박한 소망도 가질 수 있다.

소망이 있다는 것은 소망적 사고를 한다는 의미다. 소망적 사고를 한다는 것은 목표가 있다는 의미다. 인간은 목표를 바라보고 그곳에 도달하거나 획득하기를 원한다. 견물생심(見物生心)이라고, 그 목표를 바라보는 것을 '소망적 바라보기(Wishful seeing)'라고 한다.

소망적 바라보기는 소망적 사고의 출발점이다. 예를 들어 배우가 되고 싶은 청년은 영화배우 브래드 피트(Brad Pitt)를 소망적으로 바라보기 시작하면서 그처럼 되고 싶다는 욕망을 가질 수 있다. 배우 자질이 전혀 없고 노력도 하지 않는 데다 환경도 떠받쳐주지 않는데 무조건 브래드 피트처럼 되겠다는 소망을 품는 사람들이 많을 것이다.

하지만 대개는 시간이 지나면서 자신의 자질과 환경을 냉정하게 파악한 뒤 소망적 바라보기를 포기하고 현실에 충실해진다. 문제는 극단적인 소망적 바라보기에 빠지는 경우인데, 여기에 종교까지 연관되면 파국을 맞게 된다. 의심 한 점 없는 절대적

인간은 자신이 마주하는 현실이 어떠한가에 따라 그에 걸맞은 망상을 선택한다.

Depending on the reality one must face, one may prefer to opt for illusion.

- 주디스 게스트(Judith Guest, 소설가)

인 믿음만이 소망적 바라보기가 현실로 이루어지는 비결이라고 가르치는 종교 단체가 상당히 많다.

나도 소망적 사고로 인생을 망친 경우에 속하지만, 나보다 상태가 더 심각했던 M을 사례로 들어본다.

M은 가난한 농촌 출신으로 농업전문대학을 나와 4년제 대학 정치학과에 편입했다. 대통령이 되는 것이 그의 꿈이었다. 학습 능력은 형편없었다. 영어는 중학교 2학년, 수학은 초등학교 4학년 수준이었다. 그런데도 GPA(평점) 2.5/4.5 정도의 성적으로 졸업할 수 있는 것이 한국 대학의 현실이다.

M은 일류 대학의 특수 대학원을 졸업했다. 사실상 지원만 하면 다 받아주는, 주로 직장인들이 저녁에 다니는 대학원이었다. 과제를 대충 해서 제출하고 시험 문제와 동떨어진 내용으로 답안을 작성해도 거의 A학점이 나왔다.

친구들이 미국으로 유학을 가자 M도 유학을 가기로 했다. 토플 시험의 결과가 최하위권이어서 대학원에 원서를 넣을 수 없었기 때문에 일단 어학원에서 입학 허가를 받아 유학을 떠났다. 그것도 아이비리그 A대학에 속한 어학원이었다. M은 수업을 마치면 잡화 도매상에서 상품을 떼어 와 길거리에서 팔아 비싼 등록금을 마련했다. 그렇게 그곳에서 영어를 공부하면 A대학 대학원에 들어갈 수 있으리라 믿었다.

1년 뒤, 다음 학기에 등록을 하려 할 때 어학원 책임자가 그를 불렀다.

"M씨, 한국의 대통령이 되는 게 꿈이라고요?"

"네."

"그럼 지금이라도 한국으로 돌아가서 정당에 가입하고 정치를 하셔야 합니다. 그래야 대통령이 될 수 있습니다."

"저는 정치학 박사학위를 받아야 합니다."

"지금 한국 대통령이 정치학 박사입니까?"

"아닙니다. 군인 출신입니다."

"그럼 정치학 박사학위가 꼭 필요한 건 아니잖습니까?"

"그래도 저는 정치학 박사가 될 생각입니다."

그러자 어학원 책임자는 더 이상 이야기하고 싶지 않다는 투로 말했다.

"M씨! 당신은 우리 어학원에서 아무리 공부해도 우리 대학 대학원에 들어가지 못합니다. 유감스럽지만 더 이상 등록을 받아주지 않기로 했습니다. 당신의 미래를 위한 조치입니다. 공부 대신 다른 길을 찾아보십시오."

그래서 M은 다른 대학의 어학원으로 옮겨 영어만 2년을 더 공부했다. 비록 영어 실력은 별로 늘지 않았지만 3년간 어학원에서 공부했다는 증명서로 토플 시험을 면제받았다. 이제 정치학과 석사 과정에 지원해야 하는데, 문제는 수준 이하의 대학 성적과 GRE 시험(대학원 입학을 위한 기본 학습능력 평가시험)을 칠 만한 실력이 안 된다는 것이었다. 그런데 마침 아이비리그 A대학 대학원에도 GRE 점수를 요구하지 않는 학과가 있었다. 정치학과와는 전혀 성격이 다른 학과로 10명이 지원하면 8명 정도는 합격할 정도였다. M은 국내 일류 대학 특수대학원을 나왔기 때문인지 거기에는 합격했다.

그는 수업이 없는 날에는 길거리에서 장사를 하며 학비를 마련했다. 다행스럽게도 시험을 보지 않고 리포트로만 성적을 평가했다. 그는 리포트를 제출할 때 주로 한국에서 출간된 영문 서적이나 논문을 베껴서 냈다. 규모가 큰 미국 대학의 도서관에는 한국에서 발간된 학술지들이 제법 갖춰져 있었다.

"M형, 그건 표절이야! 교수가 알면 어쩌려고 그래?"

"한국에서 나온 학술지를 누가 본다고?"

"교수가 당신의 영어 실력을 알 텐데, 이건 너무 세련된 영문이잖아?"

"상관없어."

그런 식으로 공부한 끝에 M은 바라던 석사학위를 얻었다.

그 대학에서는 M을 박사 과정 학생으로 받아주지 않았지만, 그는 용케도 다른 아이비리그 대학원에 들어갈 수 있었다. 하지만 박사의 꿈은 금방 끝나고 말았다. 조사방법론과 통계학의 문을 넘을 수 없었기 때문이다. 다른 과목들은 적당히 베끼고 짜깁기한 리포트로 성적을 받을 수 있었지만, 교실에서 시험을 치르는 조사방법론과 컴퓨터 프로그램을 사용하는 통계학에는 속수무책이었다. 사실 영어가 약한 외국 학생들이 가장 덜 고생하는 과목이 바로 이 두 과목이다. 하지만 그는 중학교 1, 2학년 정도의 수학도 어려워했고, 기본이 되는 논리적 사고마저 결여되어 있었다.

나는 우연찮게 M이 다니는 대학원에서 박사 과정을 밟고 있는 한인 학생을 만났다. 통계학과 조교를 하고 있던 그는 M을 알고 있었다. 답안지를 채점하던 중 단 한 문제도 맞히지 못하는 것도 이상한데 수준이 너무 낮아서 곧바로 교수에게 보여주었던 것이다. 교수는 "세상에 이런 답안을 본 적이 없다!"면서 곧바로 M의 지도교수를 만났다. 두 교수는 M이 도저히 박사 학생으로서의 학습 능력을 갖추지 못했다는 데 합의하고 학과장에게 말해서 M을 퇴학시켰다고 한다.

그제야 M은 아무 대학에서나 박사학위를 받는 것으로 목표를 수정했지만, 어느 대학에서도 그를 받아주지 않았다. M이 다니던 한인교회의 목사는 이렇게 권했다.

"형제님은 사업을 하시면 크게 성공하실 것 같습니다. 공부에 대한 미련을 접으시고 가게를 얻어 장사를 해보세요. 착실한 자매님을 만나 결혼도 하셔야죠."

"아닙니다. 저는 반드시 박사학위를 받을 겁니다."

그는 또 의사, 교수, 변호사 같은 전문직 여성과 결혼한다는 목표도 세웠다. 누가 다른 직업을 가진 여성을 소개한다고 하면 "나를 무시한다!"고 투덜댔다.

15년 전쯤 모교에서 근무하는 친구를 만났는데, M이 자신을 찾아왔다고 했다. 전임 강사가 안 된다면 시간 강사 자리라도 마련해달라고 부탁했지만, 그는 M을 교수들에게 소개할 자신이 없어 그냥 돌려보냈다는 것이다.

M은 좀처럼 접하기 힘든 극단적인 소망적 사고의 소유자였다. 대학에 다닐 때 그가 자신의 희망을 얘기하면 친구들 중 절반 정도는 비웃었지만, 절반은 '포부가 크다'고 칭찬했다. 교수들 중에는 M이 큰 꿈을 가졌다고 좋아하는 분들도 있었다. 하지만 이제 그는 백일몽의 노예가 되어 인생을 망친 망상가로 회자되고 있다. 요즘에도 대학 동기들을 만나면 가끔씩 M 이야기가 나오곤 한다.

"자기 능력은 생각지 않고 노력도 하지 않은 채 큰 꿈이 이루어질 것처럼 살더니 인생 망쳤어. 생판 모르는 사람에게 M 이야기를 하면 '그런 바보가 어딨냐!'면서 안 믿는다니까!"

소망적 사고는 위험한 중독이다. 무언가가 일어나기를 간절히 바라면 실제로 그런 일이 일어나리라 믿고 싶은 충동적 판단을 그 무엇으로도 막을 수 없기 때문이다.

Wishful thinking is a dangerous addiction, for nothing warps one's judgement like the temptation to believe that something will happen because you passionately want it to happen.

- 존 노턴(John Naughton, 언론학자)

공포와 걱정은
스트레스를 유발한다

인생은 당신이 경험하는 것 10%와 그 경험에 대한 반응 90%로 이루어진다.

Life is ten percent what you experience and ninety percent how you respond to it.

- 도로시 네더메이어(Dorothy M. Neddermeyer, 기업컨설턴트)

공포는 스트레스(Stress), 걱정(Anxiety)과 밀접한 관계가 있다. 하지만 세 단어 사이에는 차이가 있다.

스트레스는 무언가가 평정을 침해하거나 변화를 초래할 때 발생한다. 스트레스를 일으키는 요인을 스트레서(Stressor)라 한다. 스트레서는 외부 세계에서 물리적인 어떤 것 또는 좋지 않은 일이 일어나는 것을 감지해서 내면에 발생하는 감정적인 무엇이다. 스트레서를 제거하면 자연스럽게 스트레스도 없어진다.

걱정은 애매모호하거나 알지 못하는 위협에 대한 정서적 반응이다. 이를테면 내가 하는 일을 직장 상사가 인정하지 않으리라는 느낌 같은 것이다. 걱정은 예측적인 것으로 대부분 상상된 위협 또는 아직 실현되지 않은 위협을 기반으로 한다. 걱정은 나로 하여금 행동으로 준비해서 위협에 대처하게 한다. 위협은 매우 개인적인 느낌이라는 점에서 그로 인한 스트레스가 사람마다 다르다. 인지된 위협에 따라 걱정은 정신적 고통일 수 있고, 지속 기간이 길어질 수도 있다.

공포는 이미 알려졌거나 분명한 위협에 대한 정서적 반응이다. 이를테면 직장 상사가 내가 하는 일이 마음에 들지 않아 이에 대해 어떤 행동으로 위협하는 것일 수 있다. 공포는 현실적 위협이나 상상된 위협으로 발생할 수 있는데, 두뇌는 그 차이를 구분하지 못한다. 여기에서 중요한 점은 현실이든 상상이든 내

걱정은 인간과 동시에 세상에 태어났다. 인간은 결코 걱정을 극복할 수 없다. 폭풍과 같이 사는 법을 배우듯 우리는 걱정과 더불어 살아야 한다.

Anxiety was born in the very same moment as mankind. And since we will never be able to master it, we will have to learn to live with it - just as we have learned to live with storms.

- 파울로 코엘료(Paulo Coelho, 소설가)

가 그 위협을 틀림없는 것으로 인지한다는 것이다.

앞의 설명을 단순화하면 다음과 같다.

걱정 '비현실적 위협'에 의한 정서적 반응으로 스트레스 유발

공포 '현실적 위협'에 의한 정서적 반응으로 스트레스 유발

나는 이러한 개념 정의에 전적으로 동의하지는 않는다. 전문가들 사이에서도 걱정과 공포의 개념을 다르게 보는 시각이 팽배하다.

이 책에서는 비현실적인 것은 다루지 않는다. 공포 영화를 본다고 해서 내 삶에 어떤 변화를 일으킬 만한 스트레스가 발생하지는 않는다. 하지만 앞으로 10일 뒤에 10억이라는 부채를 갚아야 하는데, 그때까지 그 돈을 마련할 방법이 없어서 생긴 공포는 내 삶에 지대한 영향을 미친다. 그로 인한 스트레스를 감당할 수 없어 도주하거나 심지어 극단적인 생각까지 할 수 있다. 그렇다면 현실적인 위협에는 공포만 생기고 걱정은 생기지 않을까? 10일 안에 10억이라는 부채를 갚아야 하는데 돈을 마련하기 힘들 때의 안타까움은 걱정인 동시에 공포일 수 있다고 본다.

상당수의 전문가들이 긍정적 사고와 소망적 사고를 구분하지 않는 것처럼 걱정과 공포를 구분하지 않는 전문가들도 많다. 따라서 나는 현실적인 측면에서 걱정과 공포를 같은 개념으로 사용하려 한다.

걱정은 흔들의자와 같다. 그것은 당신에게 의자를 흔드는 일거리를 주지만 지나치게 많은 일은 아니다.

Anxiety's like a rocking chair. It gives you something to do, but it doesn't get you very far.

- 조디 피코(Jodi Picoult, 소설가)

감당할 수 없는 스트레스와 공포

우리가 공포에 매몰되면 공포는 모든 종류의 혼돈을 초래한다. 우리는 혼자 있는 것, 돈을 넉넉히 가지지 못하는 것, 사람들과 지나치게 가까워지는 것, 실패하는 것과 성공하는 것, 나에 대한 진실이 알려지는 것, 안락지대에서 벗어나는 것, 죽는 것을 두려워한다.

Fear creates all kinds of chaos when we buy into it. We're afraid to be alone, afraid of not having enough money, afraid of getting too close to people, afraid of failing (or succeeding), afraid the truth about ourselves will be exposed, afraid of stepping outside of our comfort zone, afraid of death.

- 게일 브레너(Gail Brenner, 작가)

나는 공포를 '감당할 수 있는 공포'와 '감당할 수 없는 공포'로 구분하려 한다. 전자는 공포를 야기하는 어떤 문제를 해결할 가능성이 있다고 판단될 때의 공포이고, 후자는 해결할 가능성이 없다고 판단될 때의 공포이다.

공포는 스트레스를 유발한다. 따라서 스트레스를 관리할 수 있을 정도의 공포를 '감당할 수 있는 공포', 스트레스를 관리할 수 없을 정도의 공포를 '감당할 수 없는 공포'라 부르기로 한다.

[사례 1] 감당할 수 있는 공포의 사례

1965년이었을 것이다. 중학교 입학 후 첫 중간고사가 바로 내일부터 6일간 치러지는데 나는 전혀 준비가 안 되어 있었다. 나는 나 자신이 공부 못하는 아이로 보일까 봐 걱정이 되었다.

그래서 학교에서 집으로 돌아오자마자 정신없이 책을 읽기 시작했다. 평소에 공부를 안 했으니 교과서와 노트 필기가 머리에 제대로 들어올 리 없었다. 나는 내 성질을 이기지 못해 "난 망했어!" 하고 소리치며 징징거렸다. 그때 어머니가 말씀하셨다.

"그러기에 평소에 공부를 했어야지 누굴 탓해!"

나는 마음을 가다듬고 필기를 해가며 동네가 떠나가도록 미친 듯이 큰 소리로 책을 읽었다. 자정쯤까지 그렇게 하고 나니 대충 공부가 된 것 같았다. 나는 새벽 3시까지 잠을 자고 일어나 마당에 나가 찬물로 세수를 한 다음 다시 큰 소리로 책을 읽었다. 일주일 가운데 이틀은 꼬박 밤을 새우고 열심히 공부한 끝에 나는 시험에서 평균 98점을 받았다. 600명쯤 되는 1학년 전체에서 1등이었다.

[사례 2] 감당할 수 없는 공포의 사례

공부를 등한시했다가 시험을 앞두고 공포를 체험한 뒤 나는 예습과 복습을 착실히 하는 습관을 갖게 되었다. 그렇게 해서 중학교 2학년 1학기까지 전교에서 1, 2등을 다투었다. 그런데 2학년 여름방학 때 긍정적 사고에 대한 책을 본 이후 예습·복습 습관을 버리고 찬란한 미래에 대한 백일몽을 꾸느라 시간을 거의 다 소비했다. 유행가와 대중소설도 탐닉했다.

그러는 동안 학습 내용이 어려워지면서 벼락치기 공부가 더 이상 통하지 않았다. 나는 우등생에서 서서히 열등생으로 전락했지만, 그래도 마음만 먹으면 언제든 남들을 따라잡을 수 있다고 자신했다.

그런 식으로 3류 대학을 졸업하고 미국 대학원에 진학했다. 다른 과목들은 평소에 게으름을 피워도 따라갈 수 있었지만 통계학이 문제였다. 통계학은 단기간에 따라잡을 수 있는 과목이 아니었다. 내일 시험을 본다는데 나는 전혀 준비가 안 된 상태였다. 시험 준비를 하기 위해 책을 펴놓고 계산기를 두드렸지만 너무 불안해서 머리에 하나도 들어오지 않았다. 그렇게 불안에 휩싸여 시간을 보내다가 '될 대로 되라'는 심정으로 밤 11시쯤 잠자리에 들었다.

다음 날 시험지를 받아 들고는 한숨만 나왔다. 내가 풀 수 있는 문제는 1개 정도였다. 만약 밤을 꼬박 새워서 공부에 집중했다면 최소한 C, 대학원생이니까 어쩌면 B학점은 받을 수 있었을 것이다. 기회가 있었는데 지레짐작으로 공부를 포기한 것이 후회스러웠다. 한 문제를 맞힌다고 해서 낙제를 면할 수는 없었으므로 나는 그냥 백지 답안지를 제출하고 나왔다.

나는 [사례 1]과 [사례 2]모두에서 심하게 스트레스를 받았다. 그런데 [사례 1]의 경우는 내가 온 힘을 다해 밤을 새워 공부하면 좋은 성적을 올릴 수 있겠다는 판단이 섰기 때문에 악착같이 공부를 했다. 반면 사례 [사례 2]의 경우에는 아무리 용을 써도 원하는 결과를 얻을 수 없으리라고 판단해 최선을 다해보지도 않고 공부를 포기했다.

이 사례들을 통해 나는 감당할 수 있는 스트레스를 받으면 능력을 발휘하지만 감당할 수 없는 스트레스를 받으면 자포자기에 빠진다는 것을 깨달았다. 나만 그렇게 대단한 것을 깨달은 줄 알았는데, 사실 수많은 학자가 이 가설을 증명해왔다.

이에 대한 최초의 발표자는 하버드대학의 로버트 여키스(Robert M. Yerkes)와 존 도슨(John D. Dodson) 박사였다. 이들은 1908년, 생리적·정신적 각성(스트레스)이 증가하면 성취도가 상승하지만, 그 이상 올라가면 오히려 성취도가 떨어진다는 여키

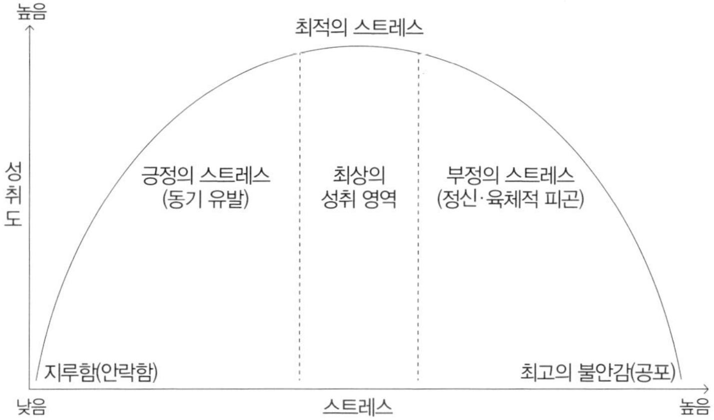

여키스-도슨의 그래프

스-도슨의 법칙(Yerkes-Dodson Law)을 제시했다.

여키스-도슨의 법칙에 따르면, 내가 중학교 1학년 때 벼락치기 공부로 전교 1등을 차지할 수 있었던 것은 스트레스가 최적의 상태에 도달했기 때문이다. 반면 대학원 시절 통계학 시험을 포기한 것은 스트레스가 최적의 레벨을 초월해 감당할 수 없을 정도가 되어 최고의 불안감, 즉 공포에 빠져들었기 때문이다.

여키스-도슨의 법칙은 인간사의 거의 모든 영역에 적용될 수 있다. 예를 들어 감당하기 어려운 프로젝트를 맡아 최선을 다했지만 결실을 거둘 수 없게 되자 잠수를 타는 사람이 있다. 공포에 의한 스트레스를 감당할 수 없기 때문이다. 이런 현상은 글

쓰는 사람들에게서도 많이 발견된다. 다음은 어느 영화감독의 말이다.

시나리오작가 P는 능력이 있지만 항상 감시해야 한다. 원고 마감일에 흔적도 없이 사라지는 일이 몇 번 있었기 때문이다. 그러면 촬영 스태프를 풀어 추적을 하는데, 대개는 아는 사람의 시골집이나 여관 같은 데 처박혀서 불안에 떨고 있다. 현장에서 체포해서 중급 모텔에 체격이 좋은 스태프와 같이 투숙시킨다. 스태프의 역할은 P가 딴짓을 못하게 감시하는 것이다. 그러면 보통 보름이면 꽤 괜찮은 작품이 나온다. 4일 만에 완성된 시나리오로 대박을 친 적도 있다.

불멸의 TV 드라마 〈여명의 눈동자〉와 〈모래시계〉를 쓴 송지나 작가도 작품 제작 도중 도망친 일이 여러 번 있었다고 고백한 바 있다. 사실 글쓰기 같은 창작은 게을러지기 쉬운 위험한 직업이다. 일을 하지 않으면 수입이 없어 굶어 죽을 수 있는데

현실에 부딪히며 사는 사람들에게 현실은 스트레스를 일으키는 가장 큰 요인이다.

Reality is the leading cause of stress amongst those in touch with it.

- 제인 와그너(Jane Wagner, 작가)

도 한없이 게을러질 수 있다.

열심히 살지만 감당할 수 없는 스트레스와 공포에 빠지는 것은 환경의 변화나 본인의 잘못된 선택, 결정에 따른 것일 수 있다. 하지만 공포는 게으름이나 나태로 인해 발생하기도 한다.

삶의 걱정을 정복하고 싶다면 지금 당장 그리고 매 순간 최선을 다해 살아야 한다.

If you want to conquer the anxiety of life, live in the moment, live in the breath.

- 아미트 레이(Amit Ray, 명상가)

요행을 기대하면 극단의 공포가 찾아온다

소망적 사고는 대개 공포에서 생겨난다. 사람들이 소망적 사고에 의존하는 것은 소망적 사고가 효력이 있기 때문이 아니라 소망적 사고가 사람들에게 공포와의 대결을 피하는 길을 열어주기 때문이다.

Wishful thinking is usually an outgrowth of a fear. People don't resort to wishful thinking because it works. They resort to wishful thinking because it allows them to avoid confronting their fear.

- 조나단 앨퍼트(Jonathan Alpert, 심리치료사)

"소망적 사고는 대개 공포에서 생겨난다"는 주장은 절반만 맞는 말이다. 여키스-도슨의 그래프에서 가장 오른쪽 지점, 즉 극단적인 공포, 최고도로 감당할 수 없는 스트레스에 빠지면 소망도 사라진다.

제2차 세계대전을 일으킨 독일 나치정권은 유럽에 거주하는 유대인들을 강제 수용소에 가두고는 가스실에 처넣어 죽였다. 유대인들은 자신이 죽는다는 것을 뻔히 알면서도 순순히 가스실로 들어갔다. 만약 단체로 저항했다면 소수라도 생존 확률이 조금이나마 있었을 것이다. 총을 들고 감시하는 독일군이 유대인들보다 수가 훨씬 적었기 때문이다.

유대인들이 이판사판의 상황에서 저항하지 못한 것은 극단의 스트레스가 그들을 옴짝달싹하지 못하게 했기 때문일 것이다. 더 이상 소망이 없었다.

미국이 참전하면서 패퇴를 거듭한 나치정권의 수뇌들과 그 부역자들도 결국 공포에 빠졌다. 역시 소망이 없었다.

독일의 패전이 확실시되던 1945년 4월, 베를린에서만 7천 명 이상이 자살을 했다. 전쟁의 주모자인 총통 아돌프 히틀러, 선전선동 장관 파울 요제프 괴벨스, SS친위대 총대장으로 유대인

죄책감은 아주 강한 것의 기둥도 부서뜨릴 정도로 무겁다. 아무도 죄책감에 시달리며 살 수는 없다. 죄책감처럼 우리에게서 평화를 빼앗아가고 스트레스를 안겨주는 것은 없다.

Guilt is a crushing load that breaks the back of even the strong. No one can bear up under it. Few things rob us of peace and create stress in our lives more than guilt.

- 그레고리 얀츠(Gregory Jantz, 심리상담가)

학살을 설계한 하인리히 힘믈러 등이 자살했다. 히틀러 일당은 전쟁을 일으키고 유대인 600만 명을 살해한 데 대해 죄책감을 느꼈을 것이고, 어쩌면 그 죄책감도 자살에 영향을 미쳤을지 모른다.

극단적 공포의 단계에 이르기 전 용기를 낸 사람들도 있다. 기차에 실려 강제수용소로 이동하던 중 기차에서 뛰어내려 목숨을 건진 유대인이 764명이었다. 또 강제수용소에서 탈출한 사람들도 꽤 된다. 이들은 가만있어도 소망이 이루어진다는 것을 믿지 않았기 때문에 행동했고, 그래서 목숨을 건졌다.

50여 년 전, 내가 살던 집에는 바퀴벌레가 많았다. 천장을 기어 다니던 바퀴벌레가 심심치 않게 방바닥으로 떨어지곤 했다. 밤에 물을 마시려고 부엌의 전등을 켜면 바퀴벌레들이 싱크대에서 놀고 있다. 내가 다가서는데도 그 자리에 죽은 듯 꼼짝 않고 있는 녀석들은 손바닥으로 쳐서 죽인다. 사력을 다해 도망가는 녀석들도 있는데, 이놈들도 머리를 쓴다. 예를 들어 왼쪽 구석까지는 거리가 50cm이고 숨을 구멍이 있는 반면, 오른쪽 구석까시는 거리가 10cm인데 구멍이 없어서 거기에 도달하더라도 죽는다. 놀랍게도 10마리 중 6마리 이상은 거리가 멀지만 도달하기만 하면 살 수 있는 왼쪽 구석으로 달렸다.

바퀴벌레들은 본능적으로 인간에게 발견되면 죽이려고 달려

든다는 것을 안다. 징그러워서, 손이 더러워질까 봐, 시간이 없어서 그냥 내버려두기도 하지만 인간은 녀석들을 죽이고 싶어 한다. 부엌에서 나와 마주친 녀석들 가운데 내가 가만 내버려둘 것으로 기대했던 녀석들은 대부분 죽었다. 거리가 짧지만 구멍이 없는 오른쪽 구석으로 도망간 녀석들도 내 손에 죽었다. 또 왼쪽으로 달려도 열에 아홉은 내 손바닥을 벗어날 수 없었지만, 죽을 각오로 달려 작은 구멍 속으로 숨어들어 목숨을 건진 녀석들도 있다.

나는 요행을 기대하지 않아 목숨을 건진 바퀴벌레들에게 경의를 표한다.

모든 공포에는 희망이 숨어 있다.

Every fear hides a wish.

- 데이비드 마멧(David Mamet, 극작가)

끌림의 법칙

현실은 당신의 생각의 투영이거나 당신이 습관처럼 생각한 것들이다.

Reality is a projection of your thoughts or the things you habitually think about.

- 스티븐 리처드(Stephen Richards, 작가)

소망적 사고를 지지하는 사람들은 소망적 사고를 하면, 즉 소망적으로 바라보고 기대하면 목표 또는 문제가 나를 끌어당긴다고 말한다. 의사가 되고 싶다는 소망을 가지면 의사가 될 가능성이 높아지고, 세계적인 미녀와 결혼하고 싶다는 소망을 가지면 그런 여자를 아내로 맞을 가능성이 높아진다는 것이다. 이를 '끌림의 법칙(Law of Attraction)'이라 한다.

2006년에 발간된 《시크릿(Secret)》은 바로 그 끌림의 법칙을 토대로 한 책이다. 이 책은 미국에서 가장 인기 있는 TV 프로그램인 〈오프라 윈프리 쇼(Oprah Winfrey Show)〉에 소개된 덕분에 3천만 권이나 팔릴 만큼 세계적인 베스트셀러가 되었다. 하지만 내용상으로는 그전까지 출간된 수천 권의 유사한 책들과 별 차이가 없다.

끌림의 법칙은 긍정적 사고를 하면 긍정의 에너지, 부정적 사고를 하면 부정의 에너지가 발산되어 그 생각대로 끌려간다는 일종의 신념이다. 긍정적 사고를 하면 긍정의 에너지가 발생해 목표를 이루게 하고, 부정적 사고를 하면 부정의 에너지가 발생해 목표가 이루어지지 않는다는 것이다.

끌림의 법칙은 헤르메스주의(Hermeticism : 비전신비주의), 초월주의(Transcendentalism)*, 《성경》과 힌두교 경전의 일부 문구들에서 영향을 받아 체계화되었다.

데일 카네기(Dale Carnegie)가 1912년 인간 경영과 자기 계발에 관한 강좌를 시작하면서 서서히 알려지다가 나폴레온 힐(Napoleon Hill)이 1937년 《생각하라 그러면 부유해질 것이다(Think and grow

---

*초월주의는 1820년대 미국 동부에서 시작된 철학 운동으로 인간과 자연은 본래부터 선한 존재이며, 사회와 조직이 개인의 순수성을 파괴하기 때문에 개인은 자립심을 유지할 때 최상의 상태에 처하게 된다고 믿는다. 이 이론은 객관적 경험주의(Objective empiricism)보다는 주관적 직관(Subjective intuition)을 더 중요시해서 각 개인은 초월적 존재를 의식하지 않고도 독창적인 통찰력을 발휘할 수 있다고 믿는다.

rich)》를 출간하면서 미국뿐만 아니라 전 세계에 널리 퍼지게 되었다. 책의 요지는 "삶을 개선하기 위해서는 타오를 듯한 열정을 가져라. 그러면 보이지 않는 '절대자'가 도와주어 목적을 이루게 된다"는 것이다.

'절대자가 도와준다'는 말에서 짐작할 수 있듯 끌림의 법칙은 기독교와 밀접한 관계가 있다. 우리나라에서는 더욱 그렇다.

다음 《성경》 구절은 끌림의 법칙을 전하는 수많은 목사들의 입에 자주 오르내리는 구절이다.

구하라 그리하면 너희에게 주실 것이요 찾으라 그리하면 찾아낼 것이요 문을 두드리라 그리하면 너희에게 열릴 것이니 구하는 이마다 받을 것이요 찾는 이는 찾아낼 것이요 두드리는 이에게는 열릴 것이니라 너희 중에 누가 아들이 떡을 달라 하는데 돌을 주며 생선을 달라 하는데 뱀을 줄 사람이 있겠느냐 너희가 악한 자라도 좋은 것으로 자식에게

모든 사람들은 자신의 개인적인 믿음의 토대에서 현실을 창조한다. 믿음의 위력은 대단해서 드넓은 현실을 거듭 창조하기도 하고, 숨 막힐 듯 답답한 현실을 거듭 창조하기도 한다.

Everyone creates realities based on their own personal beliefs. These beliefs are so powerful that they can create [expansive or entrapping] realities over and over.

- 호프 브래드포드(Hope Bradford, 자기 계발 강사)

줄 줄 알거든 하물며 하늘에 계신 너희 아버지께서 구하는 자에게 좋은 것으로 주시지 않겠느냐 – 〈마태복음〉 7장 7~11절

*

너희가 기도할 때에 무엇이든지 믿고 구하는 것은 다 받으리라 하시니라 – 〈마태복음〉 21장 22절

*

예수께서 이르시되 할 수 있거든이 무슨 말이냐 믿는 자에게는 능히 하지 못할 일이 없느니라 하시니 – 〈마가복음〉 9장 23절

*

그러므로 내가 너희에게 말하노니 무엇이든지 기도하고 구하는 것은 받은 줄로 믿으라 그리하면 너희에게 그대로 되리라 – 〈마가복음〉 11장 24절

*

믿음은 바라는 것들의 실상이요 보이지 않는 것들의 증거니 – 〈히브리서〉 11장 1절

긍정적 사고는 미국이 인간의 사고에 영향을 준 개똥철학이다. 데일 카네기, 나폴레온 힐, 빈센트 펄 목사는 미국인의 머리에 긍정적 철학이라는 터무니없는 생각을 집어넣은 사람들이다.

Positive thinking is the only bullshit philosophy that America has contributed to human thought - nothing else. Dale Carnegie, Napoleon Hill, and the Christian priest, Vincent Peale - all these people have filled the whole American mind with this absolutely absurd idea of a positive philosophy.

- 오쇼 라즈니쉬(Osho Rajneesh, 철학자)

미국 TV와 라디오에서는 하루 24시간 내내 "큰 꿈을 꿔라. 그리고 하나님에게 그것을 아뢰고, 하나님이 주실 것을 확신하라. 그러면 그대로 이루어진다"는 메시지가 흘러 나왔다. 그렇게 하지 않으면 믿음 없는 기독교인으로 따돌림을 당할 분위기였다. 그야말로 기복신앙(복을 구하기 위해 믿는 신앙)에 미쳐 있었다.

미국의 로버트 슐러(Robert Schuller) 목사는 끌림의 법칙을 교회로 끌어들인 대표적 인물이다. 그는 외형이 수정처럼 아름다운 대형 교회의 건축을 꿈꾸었고, 그 목표가 그를 끌어당겨 결국 그 소망을 이룰 수 있었다고 했다. 그는 현실이 어떻든 굳센 믿음으로 큰 꿈을 꾸고 큰 소망을 가지면 그 믿음의 기도에 하나님이 기뻐하셔서 꿈을 이루게 해주신다고 설교했다. 하지만 그가 지은 교회는 파산했다.

끌림의 법칙은 한국 교회로도 전파되어 교회가 비약적으로 성장하는 데 절대적인 영향을 미쳤다. 내 병이 낫고, 부자가 되고, 출세를 하는 것이 하나님의 뜻이라는데 교회에 달려가지 않을 사람이 있겠는가? 지금은 끌림의 법칙이 종교 외에 비즈니스, 학습, 정치와 경제, 문화와 체육 등 거의 모든 인간사에 영향을 미치고 있다.

끌림의 법칙이 무엇인지는 모르겠지만 당신이 집중하는 것에 대해 생각하고, 자료를 찾아 읽고, 또 치열하게 토론을 하면 더 매력적인 삶을 영위하게 된다.

The Law of Attraction states that whatever you focus on, think about, read about, and talk about intensely, you're going to attract more of into your life.

- 잭 캔필드(Jack Canfield, 카운슬러/작가)

너무나 위험한
종교의 긍정적 사고

교회에 다닌다고 자신을 크리스천이라 생각하는 사람은 차고에 있기 때문에 자동차를 만들 수 있다고 생각하는 사람과 같다.

Anyone who thinks sitting in church can make you a Christian must also think that sitting in a garage can make you a car.

- 개리슨 케일러(Garrison Keillor, 작가)

나는 긍정적 사고, 즉 소망적 사고, 다시 말해서 끌림의 법칙을 단 하루라도 시행하지 않은 날이 없다고 자신할 수 있는 사람이다. 학기말 시험을 앞두고는 준비가 전혀 안 되어 있는데도 중학교 1학년 때와 같은 기적이 일어날 것이라 기대했고(벼락치기 공부로 전교 수석을 차지했던 중학교 1학년 때의 기적은 2학년 2학기부터 일어나지 않았다), 통장 잔고가 바닥인데도 이틀 뒤로 다가온 카드 결제일을 무난히 넘기게 될 것이라 믿으려 노력했다. 그때마다 매번 기대는 참혹한 결과로 돌아왔지만, 나는 긍정적 사고의 기대와 믿음을 저버리지 않았다.

그러다 가끔씩 현실주의자가 되곤 했는데, 돌이켜보면 그때마다 제법 열심히 공부하고 일해서 성과도 좋았던 것으로 기억한다. 그랬던 것이 기독교를 기복신앙으로만 받아들이면서부터 걷잡을 수 없는 긍정적 사고의 함정 속으로 더욱 빠져들었다.

미국 대학원 시절 통계학 시험을 포기하고 나왔을 때의 일이다. 지하철에 올라타 빈자리에 앉았는데, 마침 40대 중반의 한국 남자가 내 옆에 앉았다. 그가 말을 걸었다.

"여기 학교 학생이시군요? 저도 박사 학생입니다. 목사이기도 하고요."

"목사님도 통계학을 들으셨습니까?"

"문학 계열 외에는 통계학을 다 듣지 않습니까? 왜요?"

"저, 지금 통계학 시험을 포기하고 나오는 길입니다. 시험이 펑크 나면 어떻게 됩니까?"

종교 없는 과학은 절름발이, 과학 없는 종교는 장님이다.

Science without religion is lame, religion without science is blind.

- 알베르트 아인슈타인(Albert Einstein, 물리학자)

"뭘 그런 걸 걱정하십니까? 하나님께 기도하십시오. 그럼 들어주십니다."

"하나님이 그런 것도 들어주십니까?"

"아, 그럼요. 돈 달라면 돈 주시고, 시험 붙게 해달라면 시험 붙게 해주시고, 장가 잘 가게 해달라면 장가도 잘 가게 해주십니다. 하나님은 다 들어주시는 분입니다."

나는 그렇게 해서 기독교 신자가 되었다. 지금도 교회를 다니고, 《성경》을 보며, 기도를 한다. 중학교 전기 입학시험을 보기 전에는 어머니의 손에 이끌려 새벽 4시에 택시를 타고 성북구의 어느 절에 가서 합격을 기원했던 적이 있다. 나는 그 시험에서 떨어져 후기 중학교에 들어갔고, 그 뒤로는 불교를 접한 적이 없다. 이 책에서는 나에게 익숙한 기독교에 대해서만 말하기로 한다.

나는 "종교는 우리의 본능적 욕구에 자리 잡아서 힘을 얻는다"는 프로이트의 말에 전적으로 동의하지 않는다. 사실 종교는 어느 정도는 기복적인 성격을 내포하기 마련이지만, 그쪽으로

종교는 망상이다. 종교는 우리의 본능적 욕구에 자리 잡아서 힘을 얻는다.

Religion is an illusion and it derives its strength from the fact that it falls in with our instinctual desires.

- 지그문트 프로이트(Sigmund Freud, 정신분석의 창시자)

만 집중하다간 인생을 망치기 십상이다.

신앙심이 투철한 공무원이 있었다. 그는 어느 날 기도를 하다가 환상을 봤다. 하나님이 자신을 하나님의 사역을 위해 부르신다고 생각한 그는 직장 생활을 하면서 야간 신학교를 다녔다. 신학교를 졸업하자 그는 직장에 사표를 내고 퇴직금으로 건물 지하에 개척 교회를 세웠다. 교인이 있을 리 없었다. 교회 운영비는커녕 식구들 먹고살 돈도 없었다. 그는 새벽부터 교회에 가서 교인들을 보내달라고, 돈 좀 달라고 기도했다. 그가 한 일이라고는 《성경》 보고 기도하는 것이 전부였다. 어느 날, 새벽에 기도하러 교회에 간 목사가 오후가 되어도 집에 돌아오지 않았다. 부인이 교회에 가보니, 목사는 죽어 있었다.

나와 친분이 있는 분이 대장암에 걸렸다. 수술을 받고 1년 후 암세포가 폐로 전이되어 폐암이 발병했다. 다행히 수술은 잘 끝났고, 의사는 항암제 치료를 받아야 한다고 말했다. 하지만 그는 하나님에게 의지하기로 하고 병원을 나와 기도원에 들어갔고, 기도로 병을 고친다는 유명한 목사와 권사를 찾아가 안수기도를 받았다. 그는 자신의 믿음으로 '이미 병을 완치받았다'고 선언했다. 하지만 그는 폐암 수술을 받은 지 6개월 만에 세상을 떠났다.

나는 40대 초에 다니던 직장을 그만두었다. 그때 보잘것없는 나의 스펙에 어울리지 않게 대기업 고위 임원이 스카우트를 제의해왔다. 하지만 나는 세계적인 거부가 되겠다는 꿈에 부풀어 있었다.

"나는 세계적인 거부가 되어 하나님의 일을 위해 쓰임받는 일꾼이 되리라!"

나는 목사가 가르쳐준 대로 이 말을 하루에도 수백 번 외쳤다. 그러다가 대로변에 스포츠용품 대리점을 차렸다. 가게는 누가 보더라도 장사가 잘될 것 같은 위치에 있었다. 오픈한 지 보름 정도는 장사가 잘되어 하나님의 축복이 쏟아진다고 생각했다. 그런데 시간이 지나면서 손님이 뜸해지더니 양말 한 짝도 못 파는 날도 있었다. 나는 하루 종일 기도만 했다.

"하나님, 제발 손님들이 좀 오게 해주세요. 누가 나타나 한꺼번에 수백만 원어치를 사 가게 해주세요."

그런데 우리 가게와는 달리 옆 동네 대리점은 꾸준히 장사가 잘되었다. 면적이 우리 가게의 절반밖에 안 되었는데 매출은 우리 가게의 몇 배나 되었다. 하루는 그 사장이 나를 찾아와 본사에서 며칠 전 보내준 트레이닝복이 있는지 물었다.

"있습니다. 그런데 왜요?"

"그거 몇 벌을 저에게 주실 수 있나요? 오늘 학교 선생님들이 달라고 해서요."

"물건을 벌써 다 파셨습니까? 전 한 벌도 못 팔았는데요."

그러자 사장은 나를 물끄러미 쳐다보며 물었다.

"실례지만 사장님, 장사하기 전에 뭘 하셨습니까?"

"언론사에 다녔습니다."

"아, 그래요? 혹시 이 주변에 있는 초등학교, 중·고등학교를 찾아가 선생님들에게 인사는 하셨습니까?"

"아뇨."

"저런… 당연히 이 지역 조기축구회 같은 데도 가입하지 않았겠군요?"

"네."

"사장님, 이 지역의 체육 모임에는 모조리 가입해야 합니다. 동네 사람들과 운동도 하고, 식사도 하고, 등산도 다니고 해야 합니다. 그래야 운동복과 신발을 팔지요."

그 충고를 듣고 며칠 뒤, 옆 가게 컴퓨터 대리점 사장이 커피를 들고 찾아왔다. 내가 물었다.

"사장님, 오늘은 웬일로 가게에 계십니까? 평소에는 잘 안 보이시던데요."

"가게야 직원이 지키는 거고, 저는 영업을 뛰어야죠."

"영업을 뛰다니요?"

"아무 사무실이나 찾아가 공짜로 컴퓨터를 봐주며 안면을 틉니다. 그래야 그 사람들이 물건을 주문합니다. 종이가 얼마 남지 않았으면 차에서 종이 몇 박스를 가지고 올라가 슬쩍 내려놓지요. 장사는 그런 식으로 하는 겁니다. 지난주에는 몇 년이나 공들인 회사에 컴퓨터 50대를 납품했습니다. 매장에서 파는 컴퓨터는 얼마 안돼요. 다 발로 뛰어서 파는 겁니다."

나는 그런 이야기를 듣고도 기도만 하다가 8개월 만에 장사를 접고 말았다.

기복신앙은 특히 학생들에게 위험하다. 기도만 하면 하나님이 다 해결해주시는데 힘들게 공부할 필요가 없기 때문이다. 우연히 라디오에서 가톨릭 신부가 하는 말을 들었다.

"나는 고등학교 3학년생들에게도 꼭 새벽 미사에 나오라고 합니다. 학생들이 입시 핑계를 대며 못 나온다고 하면 미사에 참여하는 것이 현명한 거라고 말해주지요. 학생들이 1, 2시간 공부해야 얼마나 더 하겠습니까? 주님은 그 시간에 학생들에게 수십 배 좋은 것으로 갚아주십니다. 주님이 당신을 전적으로 믿고 의지하는 사람을 가만 내버려두실 리 없습니다."

더 위험한 것은 세상의 지식과 지혜를 무조건 《성경》 밑으로 보는 것이다. 충분히 고칠 수 있는 병을 앓는 환자가 기도로 고침을 받는 것이 참된 신앙의 길이라고 생각해 병원 치료를 거부한 채 기도원에 갔다가 병이 악화되거나 사망하는 일이 심심치 않게 일어난다.

하나님의 놀라운 역사하심으로 난관을 뚫고 성공했거나 행복을 찾았다는 이들의 사례가 많다. 특히 석유사업으로 세계 최대 갑부가 된 존 록펠러(John Davison Rockefeller)는 하나님의 축복을 받은 대표적 신앙인으로 존경받고 있다. 하지만 그는 사업을 할 때 수단과 방법을 가리지 않고 경쟁자들을 파멸시켜 악명을 떨쳤다. 그가 믿는 하나님이 그렇게 하라고 하셨을 리 만무하다. 그가 사업에서 손을 뗀 뒤 자선사업에 몰두한 것만을 두고 "참으로 하나님을 위해 일했기 때문에 축복을 받았다"고 한다면 무리가 아닐 수 없다.

서기 638년, 기독교 성지 예루살렘이 이슬람교 세력에 넘어갔다. 이후 동로마제국이 이슬람권과 전쟁을 벌여 패배하자 교황청이 중심이 되어 이교도를 물리치고 예루살렘을 탈환하기 위해 십자군을 결성했다. 십자군은 200여 년에 걸쳐 8차례의 원정을 떠나 전투를 치렀지만 결국 실패로 끝났다. 긍정적 사고를 외치는 종교인의 말이 사실이라면 왜 하나님은 십자군의 손

게으른 크리스천이 되지 마라. 수동적이고 무관심한 태도를 취하지 마라.

Refuse to be a lazy Christian, and resist a passive, apathetic attitude.

- 조이스 마이어(Joyce Meyer, 작가)

을 들어주시지 않았을까? 8차례의 원정 중 가장 성공적이었던 것은 예루살렘 근처까지 진출한 1차 원정(1096~1099년)이었다. 이때 십자군은 《성경》의 가르침과는 반대로 유대인을 학살하는 등 매우 잔혹한 짓을 벌였다.

미국에서는 《성경》 말씀을 원칙으로 사업을 하여 크게 성공했다는 J의 사례가 널리 알려져 있다. 남미에서 공장을 운영하는 사람을 만나 이야기하던 중 나도 모르게 물었다.

"혹시 J라는 사람이 주문하지 않나요?"

"그러잖아도 그쪽에서 여러 번 우리 공장에 왔어요. 그런데 단가를 너무 후려치는 데다 매너도 빵점이어서 같이 일하지 않는다고 돌려보냈어요."

"사람이 괜찮아 보이던데요. 신앙도 좋고……."

"웬걸요, 우리 업계에선 다 그 사람을 욕합니다. 교회 다니면 뭐 해요, 하는 짓이 양아치 같은데. 그 사람이 지금처럼 성공한 건 양아치처럼 굴었기 때문이에요. 신앙은 무슨 신앙!"

이처럼 신앙을 토대로 해서 성공했다는 사례들도 그 내막을

현실보다 환상을 죽이는 것이 훨씬 어렵다.

It is far harder to kill a phantom than a reality.

- 버지니아 울프(Virginia Woolf, 소설가)

들여다보면 대부분 극히 세속적이었다는 것을 알 수 있다.

목사의 설교 가운데 가장 황당한 내용은 하나님을 믿어 부자가 되었거나 성공했다는 것이다(이것은 다른 종교에도 적용될 수 있을 것이다). 삼성의 이병철 회장, 이건희 회장이 크리스천인가? 현대의 정주영 회장이 크리스천이었던가? 아시아 최고의 부자 리카싱도 불교 신자이다. 도요타 자동차를 창립한 도요타 가문이 크리스천인가? 소니의 창업주 모리타 아키오가 크리스천이었던가?

빌 게이츠는 성당에 다니지만 종교 교리에 얽매이지 않고, 무신론자라는 설도 있다. 미국의 최대 거부로 꼽히는 아마존 회장 제프 베조스는 기독교 문화권에서 자랐지만 정기적으로 교회에 출석하지는 않는다. 세계적인 투자자 워런 버핏은 기독교 가정에서 자랐지만 지금은 '모르겠다'이다. 인도의 최고 부자 무케시 암바니는 힌두교를 믿는다.

나폴레온 힐은 책을 낸 뒤 서점에 나가서 판촉 활동을 시작했다. 그는 자기 앞을 지나가는 사람들에게 이렇게 말했다.

"제 책입니다. 당신을 부자로 만들어줄 귀중한 교훈이 담겨 있습니다."

하루는 자동차 왕 헨리 포드(Henry Ford)가 그 서점에 들렀다. 힐은 자기 책을 들고 포드에게 다가갔다.

"대단한 책이 출간되었습니다. 선생님이 아주 좋아하실 만한 책입니다. 성공의 비법이 기록되어 있습니다."

포드가 힐을 쳐다보고 물었다.

"당신이 이 책을 쓴 사람입니까?"

힐이 자랑스럽게 대답했다.

"그렇습니다. 제가 바로 이 책을 쓴 사람입니다."

포드는 그 책을 살펴볼 생각도 하지 않고 다시 물었다.

"당신은 이 서점에 어떻게 오셨습니까? 자가용을 타고 왔습니까, 버스를 타고 왔습니까?"

"물론 버스를 타고 왔습니다."

그러자 포드가 말했다.

"창밖을 내다보십시오. 밖에 있는 저 차는 내 자가용이고, 내가 바로 헨리 포드입니다. 당신은 사람들을 우롱하고 있습니다. 자가용도 없으면서 《생각하라 그러면 부유해질 것이다》라는 책을 내다니요! 나는 그런 생각을 한 번도 해보지 않았지만 지금

내가 알기론 나폴레온 힐은 가난한 사람이었다. 그 사실만으로 그의 긍정적 철학은 인정받을 수 없다.

About Napoleon Hill I remember…he himself was a poor man. That would have been enough proof to disprove his whole philosophy.

- 오쇼 라즈니시(Osho Rajneesh, 철학자)

처럼 부자가 되었습니다. 그래서 그런 생각으로 고통받고 싶지 않습니다."

나폴레온 힐은 자신의 저서 《성장하라! 마음의 평화로(Grow Rich! With Peace with Mind)》(우리나라에서는 《놓치고 싶지 않은 인생》이라는 제목으로 출간) 12장에서 자신을 지켜주는 영적인 존재에게서 지혜를 얻는 것처럼 적고 있다. 세상에서는 이해할 수 없는 일이 많이 벌어진다는 점에서 그런 영적 존재들과의 교류가 진실이었는지 거짓이었는지 단정할 수는 없다. 하지만 혹시라도 그의 말이 거짓일 가능성에 대해 의심을 품어봐야 한다.

내가 잘 알고 지내는 목사는 기독교가 지나치게 긍정적 사고에 몰입하는 것을 걱정한다. 그는 중·고등학교 학생들에게 일요일에 단 한 번만 교회에 출석하고, 다른 예배는 오지 말라고 충

데일 카네기는 긍정적 철학, 즉 긍정적 사고 운동을 일으켰다. 그의 모토는 부정적이고 어두운 면을 보지 말라는 것이다. 하지만 보지 않는다고 해서 없어지는가? 그것은 자신을 속이는 짓이다. 그런다고 현실이 바뀌는 것은 아니다.

Dale Carnegie started this whole school of positive philosophy, positive thinking: Don't see the negative part, don't see the darker side. But by your not seeing it, do you think it disappears? You are just befooling yourself. You cannot change reality.

- 오쇼 라즈니시(Osho Rajneesh, 철학자)

고한다. 또한 기도도 할 말만 하고 짧게 끝내라고 권한다. 그리고 최선을 다해 공부하라고 강조한다. 공부가 하기 싫어 예배에 참석하면서 하나님이 대책을 마련해줄 것으로 기대한다면 미신이라는 것이다.

나 또한 당장에 할 일을 하지 않고 하나님이 대신 해주시리라 기대하면서 수십 년을 허비한 사람이다.

나는 20년간 자유를 달라고 기도했지만 응답을 받지 못했다. 응답을 받은 것은 두 발로 움직이며 기도하면서부터이다.

I prayed for freedom for twenty years, but received no answer until I prayed with my legs.

- 프레더릭 더글러스(Frederick Douglass, 흑인인권운동가)

현실은 가혹하다

우리가 생각하는 것, 아는 것, 믿는 것만으로는 아무런 성과를 거두지 못한다. 오직 행동만이 성과이다.

What we think or what we know or what we believe is in the end of little consequence. The only thing of consequence is what we do.

- 존 러스킨(John Ruskin, 비평가)

긍정적 사고는 행동을 유발하면 아주 좋은 사고이다. 삼성그룹 이건희 회장이 한국 실정에서는 불가능하다고 전문가들이 진단한 반도체 사업에 위험을 무릅쓰고 뛰어들었기 때문에 한국은 IT 강국이 될 수 있었다. 또한 현대그룹 정주영 회장의 긍정적 사고 덕분에 조선과 자동차 분야에서도 상당한 위치를 차지하게 되었다. 이처럼 긍정적 사고는 행동과 결합되면 경이로운 결과로 나타난다. 문자의 뜻 그대로 긍정적 사고이다.

하지만 현실에선 대부분 소망적 사고를 긍정적 사고로 생각한다. 소망적 사고에는 행동이 결여되어 있다. 그저 만사가 잘될 것이라는 막연한 기대나 희망뿐이다. 문제는 마음 편하자고 현실을 모른 척한다 해도 현실이 그 방향대로 흘러가지는 않는다는 것이다. 그 결과는 대개 상상보다 훨씬 가혹하다.

16세기 초, 스페인의 에르난 코르테스(Hernán Cortés)는 멕시코의 아스텍(Aztec) 왕국으로 쳐들어갔다. 이때 아스텍의 신하들이 외국에서 왕을 섬기기 위해 왔다고 거짓말을 했다. 그 말에 속은 왕은 코르테스를 마중 나갔다가 체포되어 왕국을 빼앗기고 말았다.

임진왜란이 일어나기 수년 전부터 일본이 조선을 침략할지 모른다는 보고가 계속 들어왔지만 조선 정부는 무시로 일관했다. 6·25전쟁이 일어나기 전에도 북한군의 동태가 심상치 않다는

바쁘다는 것은 게으름의 한 형태로서 생각은 게으르고 행동은 무분별한 것이다. 바쁘다는 것은 아주 중요하지만 불편한 행동의 회피를 숨기려는 가식이다.

Being busy is a form of laziness - lazy thinking and indiscriminate action. Being busy is most often used as a guise for avoiding the few critically important but uncomfortable actions.

- 팀 페리스(Tim Ferriss, 기업가/작가)

정보가 차고 넘쳤지만 이를 애써 모른 척했다.

1997년 봄 외국의 한 경제 전문지는 한국이라는 배가 바닷속으로 침몰하는 그림과 함께 한국의 외환위기 위험성 기사를 톱으로 실었다. 경제 신문을 중심으로 간간이 동일한 기사가 게재되었지만, 정부 관료들은 한국 경제의 펀더멘탈(Fundamental : 경제 기초)이 건전해서 그럴 염려가 없다고 주장했다. 하지만 그 해 12월 IMF 구제금융 절차에 들어갔고, 상당수의 기업이 문을 닫았다.

2001년 9월 11일, 이슬람 테러 조직이 뉴욕의 무역센터를 무너뜨리기 전에도 대형 테러가 발생할지 모른다는 정보가 있었다. 하지만 어느 정보 기관도 이를 심각하게 받아들이지 않았다.

코닥은 1975년 세계 최초로 디지털 카메라를 개발했지만, 계속해서 아날로그 필름을 생산해서 판매할 목적으로 상용화하지 않았다. 그러다가 1998년 일본이 먼저 디지털 카메라를 본격적으로 생산하면서 코닥은 사진업계의 맹주 자리에서 밀려났다.

시드니의 오페라 하우스는 원래 700만 달러의 공사비로 1963년 완공될 예정이었다. 하지만 당초 예산의 15배나 많은 공사비를 투자한 끝에 예정보다 10년이나 늦게 완성되었다.

유로파이터(Eurofighter : 독일, 영국, 프랑스, 이탈리아, 스페인에서 공동으로 개발한 전투기)는 원래 계획했던 것보다 80억 유로가 더 투자되고 6년이나 더 걸려서야 간신히 완성되었다.

바다 밑으로 영국과 프랑스를 연결하는 채널 터널(Channel tunnel)은 원래 예산의 2배나 많은 공사비와 1년이라는 시간을 더 들여서야 완공되었다. 전문가들은 이 해저터널을 왕래하는 기차인 유로스타(Eurostar)에서 거둬들이는 수입으로 공사비와 운영비를 충분히 뽑을 수 있다고 낙관적으로 예상했다. 하지만 승객수가 예상을 훨씬 밑돌아 완공된 지 20년이 지난 2014년에야 간신히 소액 흑자로 전환되었다.

덴마크의 지리학자 벤트 플루비야(Bent Flyvbjerg)는 70여 년간의 기록을 검토해 대형 공공 프로젝트의 경우 열에 아홉은 실제 투자액이 원래 예상액을 초과한다는 사실을 밝혀냈다.

미국이 이라크 전쟁을 시작한 것은 다음과 같은 몇 가지 긍정적 판단에 의해서였다.

첫째, 미국이 쉽게 승리할 것이다.

둘째, 이라크 국민은 미국군을 비롯한 참전군을 자신들을 고통에서 구해줄 '해방군'으로 여길 것이다.

셋째, 이라크의 독재자 사담 후세인 정부는 대량살상무기를 가지고 있다(대대적으로 수색했지만 대량살상무기는 발견되지 않았다).

전쟁이 시작된 지 6개월이 흐르면서 이라크는 예상과는 달리 큰 혼돈에 빠져들었다. 〈뉴욕타임스〉의 계산에 따르면 이라크 전쟁 비용은 가히 상상을 불허할 정도다. 전쟁으로 쓰인 비용 1조 7천억 달러, 참전 군인들에게 부여할 혜택 비용 4,900억 달러를 비롯해 앞으로 40여 년 동안 6조 달러가 투입되어야 한다. 또한 인명 피해도 많아서 군인, 반란군, 언론인을 제외하고도 최소한 13만 4천여 명의 이라크 국민이 목숨을 잃었으며, 실제 사망자 수는 그보다 4배나 많을 것으로 추정된다. 사담 후세인이 계속 이라크의 지도자로 남아 있었다면 이러한 피해는 없었을 것이고, 언제 해결될지 모르는 IS 같은 조직도 존재하지 않았을 것이다.

이처럼 현실은 예상과 다르다. 소설을 쓸 때도 예상보다 시간이 훨씬 더 걸리는 것이 보통이고, 건물을 지을 때도 마찬가지다. 하지만 인간은 본능적으로 편한 것을 좋아해서 긍정적으로 사고하기를 좋아한다.

나에게는 아름다운 미래가 펼쳐져 있고, 지금의 어려움은 누군가에 의해 해결될 것이라는 믿음이 깔려 있다. 즉, 안락지대

게으른 생각은 창조적이지도 생산적이지도 않다.

Lazy thinking is not creative or productive.

- 케이트 블란쳇(Cate Blanchett, 영화배우)

(Comfort zone)에 있는 나를 상상하는 것이다. 안락지대에서는 치열하게 생각할 필요가 없다. 오직 게으른 생각(Lazy thinking)만 할 뿐이다. 게으른 생각은 노력을 필요로 하지 않는다.

행동주의 경제학자 대니얼 카너먼(Daniel Kahneman)은 게으른 생각에 대해 이렇게 언급했다.

1. 게으른 두뇌(Lazy brain)를 사용하는 사람들은 이기적으로 선택하고, 성차별적 언어 쓰기를 좋아하며, 사회적 상황에서 피상적인 판단을 내릴 가능성이 높다.
2. 내가 어떤 결론을 믿으면 그 결론처럼 말하는 사람을 존경하게 된다. 설사 사실이 아니더라도 그 결론을 뒷받침하는 주장을 믿으려 한다.
3. 게으른 생각을 하는 사람들은 쉽게 머리에 떠오른 그럴싸한 해답을 금방 인정하려든다.
4. 게으른 생각을 하는 사람들은 충동적이고, 성급하며, 즉각적인 만족을 받아들이는 데 민감하다.

뉴욕대학교의 가브리엘 외팅겐(Gabriele Oettingen) 교수와 토머스 워든(Thomas Wadden) 교수팀은 25명의 비만 여성을 대상으로 1년 동안의 실험에 들어가기 전 그들에게 체중감량에 대한 예상, 체중감량이 성공했을 때 가지게 될 환상에 대해 말해보도록 했다. 대부분의 사람들은 체중감량에 성공했을 때의 환상이 긍정적이면 긍정적일수록 체중감량에 대한 영향력이 크리라 예상할 것이다. 하지만 실험 결과 체중감량 성공에 대한 환상이 부정적이었던 사람이 긍정적이었던 사람보다 체중감량에 더 성공적이었다.

이를테면 체중감량을 바라는 사람은 살을 빼고 난 뒤 '얼마나 기분이 좋을까? 얼마나 삶이 좋아질까? 다른 사람들이 얼마나 나를 부러워할까?'를 상상하겠지만, 그런 상상을 하는 사람이 실제로 체중을 뺄 가능성은 낮다는 것이다. 이 연구 결과는 다른 영역에도 적용될 수 있다고 본다.

예를 들어 공부를 못하는 학생이 공부를 잘하게 되었을 때의 기분을 예상해서 그 기분이 긍정적일수록 그 학생이 공부를 잘하게 될 가능성은 오히려 낮다. 또한 몸이 아픈 사람이 건강해지게 되었을 때 예상되는 기분이 긍정적일수록 실제로 건강해

실수하지만 최선을 다하는 사람들에게는 돕는 손길이 있다. 실수도 하면서 게으른 사람들은 아무도 돕지 않는다.

People who make mistakes but try their best, other people will support. But people who make mistakes because they're lazy, nobody supports.

- 노부 마츠히사(Nobu Matsuhisa, 요리사)

질 가능성이 낮으며, 가난한 사람이 부자가 되었을 때 가질 기분이 긍정적일수록 그렇게 될 가능성이 낮다는 것이다.

긍정적 사고에 의한 망상에 몰입되면 현실 파악 능력을 상실하게 되고 이로 인해 문제가 발생한다. 하지만 인류는 긍정적 사고에 의해 발전해왔다. 문제는 행동이 따라주지 않는 긍정적 사고, 즉 긍정적 망상이다.

행동이 따르지 않는 긍정적 사고의 편향에서 벗어나려면 그에 걸맞은 실천이 필요하다. 좋든 나쁘든 자신의 삶에서 벌어지는 일을 정확히 판단하는 것을 배워야 한다. 그래야 그 경험을 통해 뭔가를 배우게 된다. 어떤 사태를 긍정적인 측면뿐만 아니라 부정적 측면에서도 고찰해야 하는 것이다.

외팅겐 교수는 긍정적 사고를 포괄적으로 연구한 끝에 '정신대비(Mental contrasting)' 기법을 개발했다. 이것은 먼저 목표를 달성했을 때의 좋은 점을 상상하고, 곧이어 그 목표를 달성하기까지 마주치게 될 장애와 난관을 상상하는 방법이다. 그렇게 되면 좋은 점, 나쁜 점을 모두 상상하게 되는 셈이다.

하지만 인간은 자신의 미래를 긍정적으로 생각할 뿐 그 목표에 도달하기 위한 노력과 고통, 환경의 변화 등은 고려하지 않는다. 미국 윌리엄스대학의 네이트 코넬(Nate Kornell) 교수는 기억력 실험을 통해 인간은 미래의 학습으로 얻어질 유익함이나 기억의 망각으로 인한 고통보다는 자신의 기억력이 안정적으로 유지될 것으로 생각한다는 사실을 밝혀냈다.

이를 안정화 편향(Stability bias)이라고 한다. 안정화 편향은 인간의 모든 영역에서 일어난다. 예를 들어 초등학교 교사가 되면 안정적인 수입에다 천사 같은 아이들을 가르치며 행복하게 살 것만 같다. 하지만 막상 학교에 부임해보면 예상과 다르다는 것을 알 수 있다. 교장이나 교감의 압박, 악동들과 그 부모로부터의 시달림, 동료와의 갈등…….

목표 달성을 원하면서도 그 목표에 도달하기까지의 노력과 고통, 환경의 변화를 고려하지 않는다는 점에서 긍정적 사고를 하는 사람들은 안정화 편향적이다.

꿈꾸는 것은 그저 좋은 것이지만, 실천만이 성공을 가져다준다.

Dreaming is good but implementation is success.

- 파발로 세이피(Paballo Seipei, 영화배우)

이래도 저래도 모든 인간은 편향적이다.
그럼에도 불구하고 우리에겐 그 무익한 편향이
우리의 행동을 지시하게 내버려둘 것인가를
결정하는 능력이 남아 있다.

One way or another we are all biased,
but still we have the modern cortical capacity
to choose whether or not to let
the harmful biases dictate our behavior.

– 아비짓 나스카(Abhijit Naskar, 신경과학자)

Part 2

사람은 안정 편향적 동물이다

우리는 믿고 싶은 것만 믿는다

대부분의 사람들은 자신이 믿는 것에 대해 잘 모른다. 그저 믿고 싶은 것에 대해 알 뿐이다.

I'm convinced that most men don't know what they believe, rather, they only know what they wish to believe.

- 크리스 제이미(Criss Jami, 시인)

약 15년 전, 내 이웃집에 살던 성호의 이야기다. 성호가 여섯 살이었던 것으로 기억한다. 감기에 걸린 듯했는데 보름이 되어도 낫지 않았다. 성호 엄마는 아이를 종합병원에 데려가 진단을 받았다. 젊은 의사가 최근 외국에서 보고된 증상인데 좀 고치기 힘든 병이라며 비싼 주사를 맞게 했다. 그리고 외국에서 수입한 약을 복용하게 했다. 내 아내가 다른 병원도 좀 가보라고 권했지만, 성호 엄마는 국내 최고 대학 출신인데 그보다 뛰어난 의사가 어디 있겠냐며 그 병원을 고집했다.

그 병 때문에 성호네는 한 달에 100만 원 정도를 썼다. 비용은 그래도 견딜 수 있는데, 아이의 척추에 바늘을 꽂고 척수를 뽑는 장면은 도저히 볼 수가 없었다. 아이는 날로 말라갔다. 의사는 성호가 어쩌면 스무 살을 넘기지 못할 수도 있다며 걱정했다.

그렇게 10개월가량 흐른 뒤, 의사가 성호 엄마에게 말했다.

"약을 먹으면 일시적으로라도 차도를 보여야 하는데, 이해할 수가 없어요. 저를 가르치신 교수님께 성호에 대해 말씀드렸더니 보내라고 하셨어요."

그다음 날, 성호는 대학병원으로 가서 노년에 접어든 교수를 만났다. 교수는 젊은 의사가 보내준 자료와 성호의 몸을 진찰한 뒤 아무렇지도 않게 말했다.

"이 아이, 멀쩡합니다. 아무 이상 없어요. 지금 먹는 약을 끊으면 돼요."

반신반의하며 의사의 말대로 했더니 정말 성호는 건강해졌다. 지금은 컴퓨터를 전공하는 대학생이 되었다. 내 생각이지만, 그 젊은 의사는 어떤 희귀병에 관한 논문을 보았거나 보던 중에 증상이 비슷한 아이가 오자 그 병에 걸렸다고 속단했던 것 같다. 즉, 확증 편향(Confirmation bias)에 걸렸던 것이다. 사실 확증 편향에서 자유로운 사람은 단 한 명도 없었고, 또 없다. 다만 증상이 심할 때는 문제가 된다.

확증 편향 또는 편견은 자신에게 이미 존재하는 어떤 믿음이나 가설을 확인해주는 정보를 찾고, 설명하고, 선호하고, 또 기억하고자 하는 성향을 말한다. 이는 인지적 편향(Cognitive bias : 사람이나 상황에 대한 비논리적 추론에 따라 잘못된 판단을 내리는 패턴)의 일종이다.

확증 편향은 믿음이나 확신에 '그랬으면 하는' 바람(Desire)이 직접적인 영향을 미침으로써 발생한다. 어떤 아이디어나 개념이 사실이기를 바랄 때 그것이 사실이라 믿는 것이다. 즉, 확증 편향은 소망적 사고에 의해 야기된다.

확증 편향 때문에 국가가 위기에 몰리기도 한다.

프랑스는 제1차 세계대전에서 독일과 전쟁을 치른 뒤 독일과

나는 직관적으로 생각하지 않으려 노력한다. 내 두뇌가 아닌 그럴싸한 어떤 사고로 세상을 이해하려다가는 난관에 빠지기 십상이다. 실제로 증거가 나올 때까지 판단을 유보하는 것이 좋다.

I try not to think with my gut. If I'm serious about understanding the world, thinking with anything besides my brain, as tempting as that might be, is likely to get me into trouble. Really, it's okay to reserve judgement until the evidence is in.

- 칼 세이건(Carl Sagan, 천문학자)

의 국경선에 철벽 방어선을 구축하기로 했다. 미래의 전쟁은 전차와 비행기의 능력에 달려 있다고 주장하는 사람들도 있었지만, 육군장관 앙드레 마지노(André Maginot)는 그 주장을 귓등으로 흘렸다. 프랑스는 1927년부터 1938년까지 160억 프랑이라는 가공할 예산을 투입해 175킬로미터에 이르는 마지노선(Maginot Line) 공사를 마쳤다.

1939년, 독일이 폴란드를 침략했을 때 세계 최강의 육군을 보유하고 마지노선까지 구축해놓은 프랑스는 크게 신경을 쓰지 않았다. 프랑스는 독일이 침략하려면 마지노선이 설치되지 않은 프랑스와 벨기에 사이를 택할 것이라고 판단해 그곳에 80만 병력을 집중 배치했다. 하지만 예상과는 달리 독일은 1940년 5월에 전차를 앞세워 마지노선의 북쪽, 아르덴 고원지대를 통과해 마지노선에 배치된 프랑스군을 포위함으로써 결정적인 승기를 잡았다. 프랑스는 독일군이 절대로 마지노선을 넘지 못하리라는 확신에 스스로 넘어간 셈이었다.

사람은 자신이 공들인 것이 자신을 지켜주고 또 자신의 위치

인간은 사실이기를 원하는 것을 믿는 경향이 있다.

Man prefers to believe what he prefers to be true.

- 프랜시스 베이컨(Francis Bacon, 철학자)

인간은 자신이 원하는 것을 의도적으로 믿는다.

Men willingly believe what they wish.

- 율리우스 카이사르(Julius Caesar, 정치가)

를 상승시켜줄 것이라 착각한다. 예를 들어 작가는 가장 많은 노력을 기울인 작품이 다른 사람들에게 어필할 것이라 생각하지만, 현실이 꼭 그렇지는 않다.

어느 유명 작가는 수년에 걸쳐 10권짜리 소설을 썼지만 판매가 부진해서 본인뿐만 아니라 출판사에 큰 손해를 입혔다. 어느 미술대학 교수는 독지가에게서 억대의 후원금을 받아 대학원생들에게 집필을 시켜 2년 만에 서너 권짜리 미술사전을 완성했지만 100질도 팔지 못했다.

반면 작가 엘버트 허버드(Elbert Hubbard)는 저녁을 먹으러 식당에 갔다가 한 시간 만에 글을 써서 신문에 실었는데, 그것을 소책자(한국어 번역문의 분량은 200자 원고지 30여 매가 안 된다)로 만들어달라는 주문이 쇄도했다. 이 책은 당시 전 세계적으로 1천만 권이나 팔렸고, 지금도 여전히 팔리고 있다. 《가르시아 장군에게 보내는 편지(A Message to Garcia)》다.

노력을 투자하면 그러지 않았을 때보다 대체로 결과가 좋지만, 항상 그런 것은 아니라는 점을 명심해야 한다. 영화를 만들 때도 그렇다. 수백억 원을 들여 장시간에 걸쳐 제작한 영화가 쫄딱 망했다는 소식은 새롭지 않다. 반면 소자본으로 며칠 만에 후다닥 만든 영화가 대박을 치기도 한다.

스탠포드 공대 출신의 로저 코먼(Roger Corman)은 B급 영화만

만드는 감독으로 유명하다. 그는 300편을 제작했으며, 280편에서 수익을 남겼다. 그가 영화 한 편을 만드는 데 걸리는 기간은 보통 10일이다. 그중 〈공포의 구멍가게(Little Shop of Horrors)〉는 이틀 만에 촬영을 마치는 신기록을 세웠다.

내가 감독한 영화들 중에서 가장 싼 제작비로 만든 〈양동이에 가득한 피〉와 〈공포의 구멍가게〉는 내기를 걸 듯 만든 영화들이다. 1959년 중반, AIP(배급사)가 공포영화를 한 편 만들어달라고 요청해왔다. 하지만 제작비로 쓸 수 있는 돈이 5만 달러밖에 없었다. 그때 내 머리에 엉뚱한 생각이 떠올랐다. 좋아, 모험을 한번 해보는 거야. 뭔가 튀는 짓을 한번 해보자. 〈양동이에 가득한 피〉는 5일 동안 촬영했다. 그리고 그 영화의 반응이 좋다는 것을 확인하고는 다른 영화에서 쓰고 철거하지 않은 세트에서 〈공포의 구멍가게〉를 이틀 동안 촬영했다. 이틀 만에 촬영을 마친 이유는 신기록을 남기고 싶어서였다.

확증 편향 때문에 사고가 일어나기도 한다.

2006년 8월 27일, 미국 켄터키 주 렉싱턴 공항. 동트기 전 CRJ100 여객기가 이륙하려다가 나무와 충돌했다. 이 사고로 탑승자 50명 중 49명이 사망했다. 조사 결과 이 비행기는 길이가 상대적으로 긴 활주로 26으로 이륙했어야 했는데 길이가 짧은 활주로 22를 이용하다가 참변을 당한 것으로 나타났다. 조종사 2명이 모두 잘못된 활주로로 들어섰다는 것을 인지하지 못했다는 점이 의문이지만, 경험 많은 조종사들에 따르면 실제로 이런 착각이 발생할 수 있다고 한다.

1989년 1월 8일, 오후 7시 15분, 브리티시 미들랜드 국제항공 보잉 737기가 승객 118명을 태운 채 히드로 국제공항을 이륙했다. 생산된 지 2년밖에 안 된 신형 비행기였다. 기장은 비행 경력 25년의 베테랑이었지만 이 기종을 몬 것은 겨우 23시간이었고, 부기장도 53시간이었다. 8시 4분, 갑자기 굉음이 나면서 비행기가 흔들렸다. 엔진 쪽 좌석에서 연기가 나고 스파크가 일었다. 조종사들은 고장 난 것으로 보이는 우측 엔진을 끄고는 이스트 미들랜드 공항으로 방향을 돌리면서 비상착륙 허가를 받았다.

8시 20분, 다시 굉음이 들리고 비행기가 흔들리더니 좌측 엔진마저 동작을 멈추었다. 조종사가 좌측 엔진의 재점화를 시도하면서 공항으로 접근하던 중 활주로를 900미터 남겨두고 고속도로변의 나무와 중앙분리대를 들이받았고, 이 사고로 47명이 사망했다. 조사 결과 부서진 팬블레이드 파편이 엔진으로 들어가 고장이 났는데, 조종사들이 신형 계기판을 잘못 읽고 멀쩡한 우측 엔진을 껐으며, 비상착륙을 시도하던 중 좌측 엔진을 다시 가동하려다가 사태가 더 악화된 것으로 밝혀졌다. 승객들은 창문을 통해 좌측 엔진에서 연기가 나고 스파크가 튄다는 것을 확인했지만 조종사의 전문성을 신뢰해서 이를 말하지 않았다.

1995년 6월 29일, 오후 5시 57경, 서울 서초구에 있던 삼풍백화점이 붕괴했다. 이 참사로 502명이 사망하고, 937명이 부상을 당했으며, 6명이 실종되는 비극이 발생했다.

삼풍백화점은 1987년 설계 당시 지하 4층, 지상 4층 건물의 종합상가로 예정되어 있었다. 그런데 완공을 앞두고 건물주가 건물을 백화점용으로 변경해줄 것을 요구했고, 시공사인 우성건설은 건물 붕괴 가능성을 들어 이를 거부했다. 건물주는 계약을 파기하고 자기 계열사에 그 일을 지시했다. 그렇게 건물이 완공되어 백화점으로 영업을 하던 중 지하 공간을 확보하기 위해 지하에 있던 냉각탑 3개를 옥상으로 올렸다. 일부에서 옥상에 과부하가 걸린다고 경고했지만 운영진은 이 경고도 무시했다. 냉각탑을 가동하면 진동이 일어 가뜩이나 부실한 건물이 흔들릴 염려도 있었다.

1993년부터 건물 벽과 천장에 균열이 생기기 시작했지만, 그 증상을 심각하게 받아들이는 사람은 거의 없었다. 1995년 4월, 5층 식당가 천장에 균열이 생기면서 모래가 떨어졌고 바닥이 내려앉기 시작했다. 그때까지도 운영진은 여전히 심각하게 받아들이지 않았다. 사고 당일인 6월 29일, 5층 바닥이 돌출하면서 천장이 조금 내려앉았고 물이 쏟아졌다. 오후 3시, 건축사무소 측에서 사람들을 빨리 대피시키고 건물을 폐쇄할 것을 요구했다. 하지만 삼풍 측에서는 '신공법으로 보수하면 문제없다'는 판단으로 백화점 영업을 계속하도록 지시했다. 오후 5시 40분경, 건물이 붕괴되는 조짐이 보이자 사람들이 급히 대피하기 시작했다. 그리고 17분 뒤, 상품백화점은 그대로 주저앉았다.

1958년, 마오쩌둥은 쓰촨 성 농촌을 시찰하던 중 참새 떼가 곡식을 쪼아 먹는 것을 보고 참새 박멸을 지시했다. 이에 따라 농촌은 물론 대도시에서도 남녀노소를 막론하고 참새를 잡는 일이 벌어졌고, 결국 참새가 사라졌다. 하지만 예상과는 달리 농산물 수확량이 늘어나기는커녕 급격히 감소했다. 참새들의 먹이인 메뚜기 같은 해충이 번식해 곡식을 갉아 먹었기 때문이다. 결국 3년 동안 3천만 명이 굶어 죽었다.

확증 편향에 의해 상대방을 얕잡아 봤다가 낭패를 당하는 경우도 흔하다.

익사이트(Excite)는 1999년 당시 인터넷 검색 엔진 부분에서 넘버 2였고 구글(Google)은 신생 기업이었다. 구글의 창업자 래

리 페이지(Larry Page)는 구글을 75만 달러에 팔겠다고 익사이트에 제의했다가 나중에는 25만 달러까지 가격을 낮추었지만 거절당했다. 이후 익사이트는 하향 곡선을 그리다가 에스크닷컴(Ask.com)에 합병되어 사라졌다. 반면 구글은 검색 엔진 시장을 60% 이상 점령하는 세계 최고의 IT 기업으로 성장했다.

리드 헤이스팅스(Reed Hastings)는 사람들이 비디오 대여점에서 비디오카세트나 DVD를 렌탈했다가 반납일보다 늦게 반납하는 바람에 연체료를 무는 것, 대여점을 오가는 데 불편함을 느낀다는 것을 간파했다. 그래서 한 달에 두서너 개를 빌릴 수 있는 저렴한 요금으로 DVD 3개를 우편으로 보내주고(늦게 반납해도 연체료가 없다), 동시에 스트리밍을 통해 무료로 영화를 볼 수 있는 회사 넷플릭스(Netflix)를 창립했다.

헤이스팅스는 당시 세계 최대의 비디오 공급망인 블록버스터(Blockbuster)와 접촉해서 블록버스터의 온라인 영화 서비스 분야를 자신들이 맡아서 처리해줄 수 있다고 제의했지만, 그 자리에서 거절당했다. 블록버스터는 2010년 9월 파산 신청을 했고, 공교롭게도 같은 시기에 넷플릭스는 영화 스트리밍 서비스를 캐나다에서 실시한다고 발표했다. 190여 개국에서 서비스를 제공하고 있는 넷플릭스의 가치는 2018년 현재 160억 달러, 1년 순수익은 12억 달러에 달한다.

1961년 1월 1일, 벌레를 연상시키는 '비틀즈(Beatles)'라는 이름의 무명 록밴드가 데카 레코드(Decca Records)에서 오디션을 봤다. 비록 지나치게 긴장한 나머지 제대로 실력 발휘를 하지 못했지만 이들은 전속계약 성사에 자신이 있었다. 그런데 데카 레코드의 마이크 스미스는 기타 그룹의 인기가 한물갔다고 판단해 다른 그룹과 계약을 맺었다. 비틀스의 인기가 세계를 뒤흔들 것이라고는 전혀 예측하지 못한 데카 레코드는 그때의 결정을 크게 후회했다.

조앤 K. 롤링(Joan K. Rowling)은 《해리포터》 1권의 원고를 써서 12개 출판사에 보냈지만 어느 곳에서도 그 원고를 채택하지 않았다. 후에 규모가 작은 블룸스버리(Bloomsbury) 출판사에도 원고를 보냈는데, 사장은 원고가 마음에 들지 않았지만 여덟 살 딸이 책으로 만들어달라고 조르는 바람에 2,500파운드의 선인세를 주고 계약했다. 이후 《해리포터》 시리즈가 60개 언어로 번역되면서 약 5억 권이나 팔려 나가자 롤링은 10억 달러를 벌었고, 블룸스버리도 비약적으로 성장할 수 있었다.

2009년, 페이스북(Facebook)은 취업을 하러 온 프로그래머 브라이언 액턴(Brian Acton)과 얀 쿰(Jan Koum)을 고용하지 않았다. 액턴과 쿰은 모바일 메시징 서비스 앱인 왓츠앱(WhatsApp)을 개발했고, 이후 페이스북은 190억 달러를 지불하고 왓츠앱을 인수했다.

앞에서 여러 가지 예를 들었는데, 그렇다면 왜 사람들은 확증 편향에 빠져들까? 일반적으로 다음 두 가지 이유 때문이다.

도전 회피(Challenge avoidance) 사람들은 자신이 틀렸다는 것을 알고 싶어 하지 않는다. 도전 회피는 나 자신의 믿음에 반하는 정보를 배척하게 해서 인지부조화를 피하게 도와준다.

강화 추구(Reinforcement seeking) 사람들은 자신이 맞는다는 것을 확인하고 싶어 한다. 강화 추구는 내 믿음에 반하는 정보를 접했을 때 발생하는 인지부조화에 대처할 수 있도록 현재 위치를 공고히 해줌으로써 인지부조화를 줄이도록 도와준다.

이 두 가지 이유는 자신의 인지부조화*를 최소화하려는 욕망과 깊은 관련이 있다. 따라서 인지부조화는 심리적 스트레스다. 마음이나 육체가 편해지고 싶을 때 확증 편향 증세가 나타난다고도 볼 수 있다.

그래서 확증 편향은 소망적 사고에 의해 발생한다는 샤흐람

---

*두 가지 이상의 반대되는 믿음, 생각, 가치를 동시에 지닐 때 또는 기존에 가지고 있던 것과 반대되는 새로운 정보를 접했을 때 개인이 받는 정신적 스트레스나 불편한 경험 등을 말한다.

헤시마트(Shahram Heshmat)의 주장은 설득력이 있다. 15년 전쯤 한 영화제작자가 영화에 대해 잘 모르는 내게 시나리오를 검토해달라고 부탁했다. 읽어보니 재미가 없었고, 사실대로 말했더니 기분 나빠 하는 표정이었다. 이미 제작을 확정하고 제작비를 꽤 투입한 상태였던 것이다. 내가 사장실에서 나오자 직원이 따라 나오며 말했다.

"직원들이 모두 반대해요. 그런데도 사장님은 한대요."

사장은 자신의 직감이 탁월하다고 자부하는 사람이었다. 그는 모든 사람이 반대하는 프로젝트에 도박하듯 투자를 했다가 대박이 나서 큰돈을 번 적이 있었고, 그 뒤로는 자신의 직감을 더 믿었다. 그러나 기적은 더 이상 일어나지 않았다. 그 영화는 쫄딱 망했다.

노키아는 1990년 중반부터 세계 휴대폰 시장의 40%를 차지한 핀란드가 자랑하는 기업이었다. 2007년 애플이 아이폰을 출시하자 노키아 개발진은 "아이폰보다 더 뛰어난 제품을 개발하

인간 두뇌는 일관성 있는 정신적 삶의 구축을 위해 개인의 욕구에 완벽하게 합치되는 방향으로 편향을 만든다.

The human brain always concocts biases to aid in the construction of a coherent mental life, exclusively suitable for an individual's personal needs.

- 아비짓 나스카(Abhijit Naskar, 신경과학자)

지 않으면 뒤떨어진다"고 경고했지만, 경영진은 그 충고에 귀를 기울이지 않았다. 그 뒤 노키아는 추락을 거듭해서 지금은 휴대폰 메이커로서 간신히 명맥을 유지하고 있다. 아이폰이 처음 나왔을 때 심란한 마음을 다잡고 더욱더 연구개발에 박차를 가했다면 지금과 같은 몰락을 겪지는 않았을 것이다.

세계 전자업계의 상징이었던 소니의 퇴락은 마지노선을 믿고 방심하다가 독일에 점령당한 프랑스의 상황과 유사하다. 소니는 전자제품에선 '넘사벽'이었다. 다른 기업과는 상대가 되지 않을 만큼 앞서 나갔다. CD가 유통되던 음악 시장에 MP3가 등장했을 때 소니는 꿈쩍도 하지 않았다. 하지만 우습게 알았던 그 신기술이 삽시간에 세계 시장에 자리를 잡자 소니는 그제야 우왕좌왕하다가 선도 전자업체의 자리를 애플과 삼성에게 내주었다. 소니의 잘못은 자기 기술력에 대한 맹신에서 비롯되었다.

대부분의 인지적 오류가 그렇듯 확증 편향은 자신의 생각이나 판단에 다른 요인들이 개입돼 혼란시키는 것을 방지하려는 욕구

사람들은 자신이 듣고 싶은 것에 집착한다. 자신의 믿음에 부합되지 않는 증거는 무시하면서 부합되는 것은 중요하게 받아들인다.

People are always clinging to what they want to hear, discarding the evidence that doesn't fit with their beliefs, giving greater weight to evidence that does.

- 폴라 스톡스(Paula Stokes, 작가)

때문에 발생한다. 이 욕구는 앞으로 내가 하는 일이 아무 방해도 없이 계획대로 진행되리라 믿는 안정화 편향과도 관련이 있다.

직장인들은 100% 경험하는 일이지만, 자신이 하는 일에 누가 개입하고 간섭하면 마음이 불편해져서 그 사람이 없어졌으면 하는 바람을 가지게 된다. 개인의 판단 착오를 우려해 견제와 균형을 주장하면서도 실제로는 견제 받기를 원치 않는 것이다. 독재정권에 대항해 싸웠던 민주인사가 지도자가 되면 오히려 더 지독한 독재자가 되는 것이 바로 이 때문이다. 작가들은 쓴소리를 늘어놓는 편집자와 앙숙인 경우가 아주 흔하다.

자기 위주 편향과 자기중심 어젠다는 양심이라는 귀를 틀어막은 면화솜 같은 것이다. 진리가 아무리 큰 소리로 외쳐도 듣지 못한다.

Self-serving biases and self-centered agendas are cotton jammed in the ears of our conscience. Even if truth shouts, we can't hear it.

- 크레이그 란스브러(Craig Lounsbrough, 심리치료사)

인간은 쥐 떼처럼 몰려다닌다

사람은 양 떼다. TV는 그 양 떼를 모는 목자다.

People are sheep. TV is the shepherd.

- 제스 C. 스콧(Jess C. Scott, 영화감독)

사람은 따라쟁이다. 남들이 하는 대로 하고, 남들과 쉽게 만날 수 있어야 안심한다. 10여 년 전, 나의 지인은 친구 셋과 점심식사를 하던 중 한 명이 경기도 모 지역에 들어설 아파트를 청약하러 간다고 해서 구경삼아 따라갔다. 예상보다 지원자가 많아서 경쟁률이 5대 1이 넘었다. 그러자 따라갔던 세 명도 같이 지원했다. 하지만 모두 떨어졌다.

못 먹는 감이 더 맛있어 보이는 법. 아쉬워하며 발길을 돌렸는데, 그 지역 부동산 중개업소에서 연락이 왔다. 프리미엄 2천만 원을 더 주면 분양권을 살 수 있다는 것이었다. 그래서 그들 가운데 세 명이 분양권을 사서 그 아파트에 들어갔다. 프리미엄을 제외하고 3억 8천만 원이 들었는데, 그중 70% 정도가 은행 대출금이었다. 사람들이 탐내는 아파트를 사고 보니 마치 부자가 된 것 같았다. 하지만 그들은 5년도 안 되어 아파트를 팔았다. 2억 9천만 원에 판 사람도 있고, 최고로 많이 받은 사람이 3억 2천만 원이었다. 손해가 이만저만이 아니었다. 나의 지인은 내게 이렇게 말했다.

"이젠 사람들이 아무리 몰려다녀도 난 쉽게 안 움직여."

20여 년 전, 100여 가구의 빌라촌에서 살던 때의 일이다. 바로 옆에 1,600여 가구의 대형 아파트 단지가 있었는데, 우리 빌라촌 담벼락에 바짝 붙여 음식물쓰레기 건조기를 설치한다는 것이었다. 그 일로 주민대표가 비상회의를 소집했다.

사람들은 진리 속에 외롭게 살기보다는 비합리적인 주장을 하는 무리 속에 살기를 원한다.

People would rather live in a community with unreasonable claims, than face loneliness with their truth.

- 방암비키 하비아리마나(Bangambiki Habyarimana, 작가)

"건조기가 설치되면 냄새 때문에 우리 집값이 폭락합니다. 아파트 단지 주민은 수천 명이고, 우리 빌라촌은 겨우 300명 정도밖에 안 되니까 우릴 우습게 보고 저러는 겁니다. 실력 행사를 해야 합니다."

그 뒤 대표가 주민 50여 명과 함께 구청장을 만나 따졌지만 아무 소용이 없었다. 그러자 대표는 중학생 아이들과 노인까지 동원해서 아파트 단지로 쳐들어가 시위를 벌였다. 나도 그 안에 끼어 있었다. 우리와 아파트 주민들 사이에 욕설이 오가고, 일부 청년들은 주먹다짐 직전까지 갔다. 하지만 경찰이 오자 서너 시간 더 시위를 한 뒤 집으로 돌아왔다.

결국 건조기가 설치되었는데, 의외로 전혀 냄새가 나지 않았다. 뭐 하러 구청을 찾아가고 창피를 무릅쓴 채 남의 아파트에서 데모까지 했나 싶었다. 그런데 더 웃기는 일은 건조기가 몇 번 사용되고는 수년 동안 방치되더니 어느 날 사라져버렸다는 것이다.

애초에 생각이 없었는데 남들이 아파트를 산다고 하니 자신도 덩달아 아파트를 산 내 지인의 이야기나, 내용을 자세히 알아보지도 않고 음식물쓰레기 건조기에서 냄새가 난다는 일부의 말만 믿고 구청까지 쫓아가고 데모 대열에 참여한 것은 밴드왜건 효과(Bandwagon effect) 혹은 밴드왜건 편향(Bandwagon bias) 때문이었다(우리나라에서는 '편승 효과' 또는 '편승 편향'으로 번역한다).

밴드왜건 효과를 정의하면, 자신만의 신념(믿음)이 있는데도 불구하고 다른 사람들이 한다고 해서 자신의 신념을 무시하고, 다른 사람들이 하는 그것을 따라 하는 심리 현상이다. 좋은 것이기 때문에 대중이 한다는 믿음, 그들을 따라 하면 최소한 손해는 보지 않을 것이라는 믿음이다. 밴드왜건 효과는 정치권에서 나온 개념이다.

'밴드왜건'은 음악하는 사람들이 미국 곳곳에 연주를 다닐 때 타던 마차를 말한다. 1868년, 미국 대통령 선거에 나선 재커리 테일러(Zachary Taylor) 후보를 위해 여행을 하며 선거운동을 하던 댄 라이스(Dan Rice)라는 연예인이 있었다. 라이스는 마차를 타고 행진하면서 군중을 향해 "마차에 올라타십시오" 하고 외치는 방식으로 선거운동을 했다. 재커리 테일러는 12대 대통령에 당선되었다.

집단적 공포는 무리의 본능을 자극하며, 그 무리에 속하지 않는 자들에 대해 난폭해진다.

Collective fear stimulates herd instinct, and tends to produce ferocity toward those who are not regarded as members of the herd.

- 버트런드 러셀(Bertrand Russell, 철학자)

이것이 계기가 되어 그 뒤로는 선거에 나선 후보들이 경쟁하듯 마차를 이용하기 시작했다. 그러나 20세기 초에 접어들면서 밴드왜건은 선거운동에서 진부한 방법이 되었고, "마차에 올라타십시오"라는 말은 자신의 원칙이나 신념에 반하더라도 대중 속으로 빨려 들어가는 사회현상을 의미하는 경멸적 단어가 되었다.

독일에서 학생들을 대상으로 한 연구가 이루어졌다. 이들은 작은 도시의 시장 선거에 나선 두 명의 후보자에 대한 정보를 학생들에게 배포한 뒤 여론조사에서 '한쪽이 이기고 있다'고 말해줬을 때, '지고 있다'고 말해줬을 때, '막상막하'라고 말해줬을 때의 반응을 조사했다. 그 결과 한쪽이 이기고 있다고 말해주면 학생들이 이기고 있는 사람의 능력과 당선 가능성을 높이 평가한다는 사실을 알게 되었다. 물론 이 연구 결과가 나오기 전부터 사람들은 직감적으로 그 사실을 알고 있었다. 그래서 여론조작이 생겨난 것이다.

독일은 19세기만 해도 유럽에서 가장 합리적이고 이성적인

현재의 추세라는 마차에 올라타면 일이 훨씬 쉬워진다.

Things get much easier if one jumps on the bandwagon of existing trends.

- 레이쥔(Lei Jun, 기업인)

국가였다. 세계 최초로 개인의 소유권을 인정하고 인간다운 삶을 보장하는 생존권을 적시한 바이마르헌법을 만든 나라이기도 하다. 이런 나라에 광기로 똘똘 뭉친 지도자들이 등장하는 데는 여론조작이 큰 몫을 했다.

1933년, 독일 정권을 장악한 나치당은 국가사회주의 이상의 전파를 위해 '국민계몽선전부'를 창설하고 언론과 예술, 음악, 연극, 영화, 서적, 라디오, 교육자료 등을 통해 인종차별주의, 반유대주의, 반볼셰비키즘을 선전선동하기 시작했다. 소련이 유럽을 점령했을 때 벌어질 인류 종말적인 사태와 유대인들이 독일 정부를 전복하려 한다는 경고와 함께 독일 국민의 우수성을 전파했다. 영국과 프랑스를 비롯한 다른 유럽 국가가 이런 조치들로 인해 독일을 경계하면 그것을 핑계 삼아 전쟁을 일으킬 속셈이었다. 처음엔 이에 이의를 제기하고 항의하는 지식인들이 있었지만 공포 분위기가 조성되면서 침묵을 지킬 수밖에

인간은 모두가 인정하는 결론을 발견하면 토론 없이 그것을 넙죽 받아들인다. 하지만 그것을 인정할 수 없는 이유가 밝혀지면 그때는 논리와 이성 등 온갖 방법으로 반박하려 한다.

When a man finds a conclusion agreeable, he accepts it without argument, but when he finds it disagreeable, he will bring against it all the forces of logic and reason.

- 투키디데스(Thucydides, 역사가)

없었고, 독일은 점점 비인간적인 광기에 휩쓸렸다.

폴란드가 공산화되는 과정에서 가장 큰 역할을 한 것도 여론 조작이었다. 제2차 세계대전 후 치러진 대통령 선거에서 스탈린과 밀접한 관계에 있던 노동자당 출신 후보 볼레스와프 비에루트가 80%의 득표율로 당선된 것은 공산주의 이념에 물든 언론이 그에게 유리한 기사만 쏟아냈기 때문이다. 물론 선거 조작도 있었다.

제2차 세계대전이 끝날 무렵에는 동유럽에서 가장 민주적이고 산업화된 나라였던 체코도 이와 비슷한 과정으로 공산화되었다. 공산 세력에 반대하는 이들은 협박을 받거나 테러를 당했다. 급격하게 공포 분위기가 조성되면서 시민들은 항상 대중의 눈치만 보며 따라갔다.

중국의 문화대혁명도 선전선동에 의한 여론조작으로 일어난 대참사였다.

1957년, 마오쩌둥은 소련이 취한 수정공산주의 노선을 경계하고 공산화 속도를 높이기 위한 '대약진운동'을 지시했다. 식량

인간은 앞을 보지 못하게 시야를 가린 후 절벽을 향해 무작정 달린다.

We run carelessly to the precipice, after we have put something before us to prevent us from seeing it.

- 블레즈 파스칼(Blaise Pascal, 수학자/철학자)

과 철강을 비약적으로 증산해서 빠른 시간 안에 선진국으로 도약한다는 취지의 운동이었다. 이에 따라 각 마을에 쇠를 생산하기 위한 고로가 세워졌다. 하지만 지방 사람들이 농사보다는 쇠를 생산하는 데 더 집중하는 바람에 식량이 모자라게 되었고, 생산된 쇠도 품질이 형편없어서 그것으로는 제대로 된 물건을 만들 수 없었다. 결국 단 한 번의 정책 전환으로 경제와 산업의 기반이 무너지고 말았다.

그러자 마오쩌둥에 대한 비판이 고조되었다. 이에 마오쩌둥은 정적들을 제거해 자신의 위치를 공고히 할 목적으로 1966년 5월 무산계급 문화대혁명을 시작했다.

"회생하려는 전근대성 문화와 시장 정책 문화를 비판하고 더욱 새로운 공산주의 문화를 창출하자!"

마오쩌둥 세력은 이런 구호를 표방하고, 이를 위해서는 중국 사회 곳곳에 배어 있는 부르주아 계급의 자본주의·봉건주의·관료주의를 제거해야 한다고 선동했다. 그들은 청년 중심의 민중으로 하여금 마오쩌둥의 정적들과 지식인, 부유한 사람들을 숙청하게 했다. 1976년 12월까지 무려 10년이나 계속된 문화혁명 과정에서 지식인을 비롯한 2,630만여 명이 학살당했고, 유·무형 문화가 상당히 파괴되었다.

이처럼 여론조작은 밴드왜건 효과를 통해 강화되고, 그 뒤에

대개 우리는 현실을 파악하려 하기보다는 우리 스스로가 보길 원하는 것을 보거나, 다른 사람들이 보라고 권하는 것을 본다. 우리는 망상을 품더라도 대중이 품는 망상을 품는다.

Most of the time, we see only what we want to see, or what others tell us to see, instead of really investigate to see what is really there. We embrace illusions only because we are presented with the illusion that they are embraced by the majority.

- 수지 카셈(Suzy Kassem, 작가/철학가)

는 공포 분위기에서 밴드왜건에 끌려가게 된다. 무작정 대중을 따라가다가는 이렇게 무서운 일이 벌어지지만, 일단 밴드왜건에 올라타면 중간에 내리기가 어렵다. 그랬다가는 더 위태로운 상황에 몰리기 때문이다.

정치는 밴드왜건 효과의 부작용이 가장 심하게 나타나는 분야이며, 그 외에도 여러 분야에서 발생한다. 예를 들어보자.

패션 특정 스타일의 옷을 입는 사람이 많아지면 덩달아 그런 스타일의 옷을 입기 시작한다.

음악 특정 노래나 음악을 듣는 사람이 많아지면 덩달아 그 음악을 듣는 사람이 많아진다.

소셜네트워크 특정 소셜 웹사이트를 사용하는 사람이 많아지면 덩달아 그 웹사이트를 사용하는 사람이 많아진다.

음식 특정 식단을 취하는 사람이 많아지면 덩달아 그 식단을 채용하는 사람이 많아진다.

직원들 중 배가 고파 음식을 먹는 사람은 12%다. 나머지 88%는 오후 1시니까 그냥 먹는 것이다.

12% of employees eat because they are hungry. 88% of employees eat because it is 1 o'clock.

- 모코코마 모코노아나(Mokokoma Mokhonoana, 철학자)

사실 이런 분야에서 발생하는 밴드왜건 효과의 부작용은 별로 심각하지 않다. 하지만 건강이나 의학 부분일 때는 상황이 심각해진다. 한 아이가 홍역 예방주사를 맞고 문제가 생기면 백신접종 반대운동이 펼쳐지고, 이로 인해 자신의 아이에게 예방주사를 놓지 못하게 할 수 있다. 아이에게 예방주사를 놓게 했다가 잘못되면 아이와 자신의 안위가 흔들리기 때문이다.

한때 남자들 사이에서 포경수술 바람이 불었다. 특히 남자아이가 태어나면 며칠 안에 포경수술을 받는 것이 보통이었다. 약 10년 전만 해도 신생 남아의 80%가 포경수술을 받았다. 나는 대학교 4학년 때 우리 학과 친구 열 명쯤을 데리고 남산 기슭에 있던 산부인과에 가서 단체로 수술을 받았다. 아버지는 옛날 사람들은 그런 것을 안 해도 다들 아이 잘 낳고 살았는데 왜 그런 이상한 수술이 생겼는지 모르겠다고 하셨다. 내 아들 둘도 태어난 지 며칠 만에 수술을 받았다. 솔직히 말하면, 수술을 해야 한다고 해서 그냥 한 것이다.

우리가 1년에 최소한 한 번씩 생각함으로써 나이를 먹는다면 어른이 되는 사람은 몇 명 되지 않을 것이다.

If we had to earn our age by thinking for ourselves at least once a year, only a handful of people would reach adulthood.

- 모코코마 모코노아나(Mokokoma Mokhonoana, 철학자)

1950년대에는 담배를 피우는 것이 건강에 좋다고 믿었지만 사실은 아니었다. 요즘에는 설탕이 무조건 나쁘다고들 믿지만 사실은 그렇지 않다. 과도한 섭취가 문제일 뿐이다.

밴드왜건 효과는 비즈니스계에서 쉽게 찾아볼 수 있다.

VCR(비디오 녹화기) 전쟁에서는 VHS 포맷이 성능이 더 뛰어난 베타맥스(Betamax) 포맷에 승리했다. 소니는 1974년 7월 베타맥스 포맷의 VCR를 처음 내놓은 뒤 VCR 생산을 준비 중인 마쓰시타와 JVC 측 인사를 만나 자사의 포맷을 받아들일 것을 요청했지만 거부당했다. 1976년 4월, 뒤늦게 JVC가 VHS 포맷의 VCR를 선보였다. 이에 대해 한 전문가는 이렇게 말했다.

"내 판단으로는 카세트 디자인, 테이프 처리 방법, 전반적인 기술 등을 고려했을 때 소니의 베타맥스가 더 좋다."

하지만 베타맥스에는 녹화 시간이 1시간밖에 안 된다는 치명적 약점이 있었다. 반면 VHS는 녹화 시간이 2시간이었다. 따라서 소비자들은 영화 한 편을 녹화하기에 충분한 VHS 쪽으로 쏠렸고, 영화도 VHS 카세트에 담겨 출시되었다. 이로써 자연스럽게 VHS가 VCR의 유일한 포맷으로 자리를 잡게 되었다.

킹 캠프 질레트(King Camp Gillette)는 세계 최초로 일회용 면도기를 발명해서 1903년부터 판매에 들어갔지만 거의 팔리지 않았다. 1년 동안 면도기 51개, 면도날 168개를 팔았을 뿐이었다. 그러자 질레트는 면도날을 무료로 나눠주어 고객 수를 늘려갔다. 1회용 면도기가 편리하다는 소문이 퍼지면서 판매량은 급증했다.

아이작 메릿 싱어(Isaac Merritt Singer)는 1851년 재봉틀 특허를 받아 재봉틀의 생산, 판매에 들어갔다. 하지만 중산층 근로자의 월급이 10여 달러에 불과한 당시 상황에서 125달러나 되는 비싼 재봉틀이 팔릴 리 없었다. 그러자 싱어는 매달 3달러씩 받는 조건으로 재봉틀을 판매해 재봉틀 판매량을 늘렸고, 결국 미국 최고의 부자가 되었다.

체스터 칼슨(Chester Carlson)은 1959년 세계 최초로 문서 복사기를 발명한 뒤 제록스사를 통해 생산, 판매했다. 하지만 가격이 엄청나게 비싼 데다가 기계 성능에 대한 신뢰도 부족으로 거의 팔리지 않았다. 이에 제록스사는 판매보다는 대여 쪽으로 전략을 바꾸었다. 그들은 사람들이 많이 다니는 뉴욕 그랜드센트럴 터미널에 복사기를 가져다놓고 버튼을 한 번 눌러 15장이 복

어떤 사람들은 다른 사람들이 누군가를 존경하기 때문에 그를 존경한다.

Some people respect some people only because some people respect them.

- 모코코마 모코노아나(Mokokoma Mokhonoana, 철학자)

사되는 장면을 보여주었다. 전략이 적중해 복사기 수요가 급증했다.

가정용 PC 전쟁도 유사하게 진행되었다. 애플이 매킨토시를 출시하자 IBM이 빌 게이츠가 디자인한 운영체제 MS-DOS를 채용한 IBM PC를 선보였다. 기술적으로는 매킨토시가 위라는 말을 들었지만, 애플은 자사 제품에 대한 라이선스 생산을 극히 꺼린 반면 IBM은 이를 허용했다. 그 결과 IBM PC와 호환되는 컴퓨터들이 대량생산되어 저가에 공급됨으로써 애플은 컴퓨터 시장에서 밀려나게 되었다. 지금도 MS-DOS의 뒤를 이은 윈도우 시스템이 매킨토시를 압도하고 있다.

종로 5가는 약국 밀집 거리로 유명하고, 그중에서도 보령약국은 강원도 산골에 사는 사람도 제주도 주민도 알 정도다. 그 주변 일대를 산책하다가 종종 보령약국의 위치를 묻는 사람들을 만난다. 가까우면 알려주고, 좀 멀다 싶으면 근처에 있는 다른 약국을 권해보지만 보령약국을 고집하는 사람들이 더 많다. 보령약국에서만 파는 약을 사러 가는 것도 아니요, 또 특별나게

인습에 얽매이지 않는 생각이 생명을 창조하는 정자라면 여론은 낙태다.

If unconventional ideas = sperm, then public opinion = abortion.

- 모코코마 모코노아나(Mokokoma Mokhonoana, 철학자)

가격이 싼 것도 아닌데 그렇다. 심지어 충청도에서 온 사람도 만났다.

식당도 사람이 북적거리는 곳을 가려 한다. 막상 가서 먹어보면 그저 그런 곳이 대부분이다. 책도 동네 책방이나 인터넷 서점을 통해 구할 수 있는데도 구태여 종로에 있는 대형서점에 가서 사는 사람들이 꽤 많다.

사람들이 가장 많이 가는 약국에서 사는 약이라야 더 효력이 있을 것 같은 느낌 때문이다. 사람들이 많이 찾는 식당에서 먹는 밥이 더 맛있을 것 같기 때문이다. 대형서점에서 파는 책이 더 특별한 것 같기 때문이다.

이처럼 사람들은 큰 무리에 끼고 싶어 한다. 1950년에 밴드왜건 효과라는 말을 처음으로 사용한 경제학자 하비 레이번슈타인(Harvey Leibenstein)은 "특정 상품을 사용하는 사람이 많으면 나도 그 상품을 사고 싶어진다"면서 "그 상품을 사용함으로써 그 상품을 사용하는 그룹의 일원이 된다고 생각하기 때문"이라고 설명했다.

투자를 할 때도 사람들은 투자자가 많은 부분에 투자하려 한다. 닷컴 버블(Dotcom bubble)이 절정이었던 1990년대 후반에는 회사 이름에 'com' 또는 'net'라는 글자를 붙인 회사가 우후죽순으로 생겨났다. 언뜻 보면 최신기술 개발 회사라는 느낌이 들지

몰려다니는 양 떼, 몰려다니는 자동차, 몰려다니는 사람들, 몰려다니는 군중, 몰려다니는 개미 떼! 어디를 봐도 무리들이다. 편하게 숨을 쉬려면, 자유를 만끽하려면, 보다 나은 생각을 하고 아직 모르는 길의 아름다움을 발견하고 싶다면 당신이 속한 그 무리가 어떤 무리든 무조건 그곳을 떠나라!

Sheep all together, cars all together, people all together, crows all together, ants all together! Everywhere is full of herds! To breath comfortably, to feel free, to think better and to find the beauties of the unknown paths leave your herd! In whichever herd you are in, leave it!

- 메멧 무라트 일단(Mehmet Murat ildan, 시인)

만, 실상은 그럴듯한 비즈니스 비전도 없고 시장에 내다팔 상품이나 서비스도 없이 등장한 테크(Tech) 회사들이었다. 하지만 이 회사들은 투자자가 몰리는 통에 돈을 긁어모았다.

이유는 간단하다. 대중이 가는 방향으로 가면 최소한의 안전은 보장될 것이라는 생각 때문이다. 따라서 밴드왜건 효과는 안정화 편향과 관련이 있다.

사람들은 자신의 안전을 지키고 대중의 가치를 추구하기 위해 군중을 따라간다. 그러면 별다른 고통이나 어려움 없이 안전을 지킬 수 있다고 믿으면서 대중이 인정하는 가치를 참다운 가치로 생각하는 것이다.

지나친 자신감은 자멸의 길이다

지나친 자신감이 너를 죽인다.

Overconfidence gets you dead.

- 피타커스 로어(Pittacus Lore, 소설가)

소설 《뿌리(Roots)》는 18세기에 아프리카에서 미국으로 팔려온 흑인 노예들의 삶을 그린 작품이다. 1976년에 출간되어 세계적인 베스트셀러가 되었으며, 20세기의 가장 중요한 작품 중 하나로 꼽힌다. 작가 알렉스 헤일리(Alex Haley)는 이 작품을 완성하는 데 2년 정도가 걸릴 것으로 예상해서 그때쯤 원고를 제출하기로 하고 출판사로부터 계약금 5천 달러를 받았다. 하지만 시작하고 보니 자료를 모으는 데만 5~6년이 걸렸다. 헤일리는 출판사로부터 계약금을 돌려달라는 독촉을 받은 것은 물론, 가진 돈이 모두 떨어지자 생면부지의 작가들에게 도와달라는 편지까지 보냈다. 그는 그렇게 구차하게 살았지만 악착같이 작품에 달라붙어 12년 만에 소설을 완성했다.

일을 하다 보면 예상보다 빨리 끝내기도 한다. 하지만 그 경험만 믿고 다음번에도 빨리 끝낼 것이라 예상해서 준비 없이 일을 벌였다가 낭패를 당하는 일이 비일비재하다. 헤일리는 자신의 실력을 믿었다가 예상외의 난관에 부딪혀 감당하기 힘든 고초를 겪었다. 성공했으니 망정이지 실패했다면 인생이 어떻게 되었을까?

자신의 능력에 대한 지나친 자신감, 즉 과잉 확신(Overconfidence)은 자신의 능력이 증거가 받쳐주는 것보다 더 크다고 믿는 것을 뜻한다. 이는 모든 사람에게 가장 빈번하게 발생하는 심리 현상이다. 일례로 미국인의 93%는 자신이 다른 사람들보다 운전을 잘한다고 주장하는데, 이는 통계학적으로 증명이 불가능

자신감이 지나친 사람이 미움을 받는 이유는 그를 통해 자신에게 자신감이 부족하다는 것을 알 수 있기 때문이다.

Some people hate people who are overconfident, only because their overconfidence reminds them of their underconfidence.

- 모코코마 모코노아나(Mokokoma Mokhonoana, 철학자)

한 수치다.

이처럼 거의 모든 인간은 자신이 남들보다 더 능력이 있다고 생각하며, 그렇기 때문에 남들보다 더 잘될 것이라 예상한다. 또한 목적을 달성하는 과정에서 남들보다는 어려움이 없을 것이라 믿는다. 즉, 소망대로 될 것이라는 믿음이다. 하지만 소망은 태만을 야기한다는 점에서 문제가 있다. 즉, 과잉 확신은 태만과 관련이 있다.

내 친구 B는 신문사 기자였다. 그는 사내에서 특종을 가장 많이 터뜨렸다. 사장도 편집국장도 그를 좋아했다. 그가 떠나면 회사의 위상이 한 단계 떨어질 것이라는 말까지 있었다. 그는 신문사의 영웅이었다. 편집국장이 그만둘 때가 되자 모두 차기 국장이 누가 될 것인가에 신경을 썼다. B도 은근히 기대했다. 경력이나 능력 면에서 자신이 최고 적임자였기 때문이었다.

그런데 막상 뚜껑을 열어보니 누구도 예상치 못한 사람이 국장이 되었다. 주변머리가 없고 수줍음이 많은 성격인 데다가 자

스스로에게 자신 있어 하는 사람을 나는 이해하지 못한다.

I'm always unsure about people who are so sure of themselves.

- 조이스 레이첼(Joyce Rachelle, 작가)

신의 의견을 당당히 피력하지도 못하는 사람, 일면 톱기사를 한 번도 올려본 적 없는 무능력한 사람이었다. 모두 의외라는 반응이었지만, 곧 그를 편집국장으로 인정하는 모양새였다.

하지만 B는 그럴 수가 없었다. 임원진에 충격을 주고 싶다는 생각에 마음에도 없는 사표를 써서 제출했다. 회사에서 자신이 그만둘까 봐 항상 두려워하고 있다는 것을 잘 알았기 때문이다. 사표를 제출하면 혹시나 더 좋은 조건을 제시하지 않을까 내심 기대했는데, 웬걸 회사는 기다렸다는 듯 1시간 만에 사표를 수리했다. 더 충격적인 것은 그 소식을 듣고도 동료들이 별 관심을 보이지 않았다는 것이다. B는 난생처음 느껴본 심한 모멸감에 그 즉시 짐을 챙겨 회사를 나왔다. 교만이 불러온 파국이었다.

이와는 정반대의 사례가 있는데, 이 또한 내 친구의 이야기다.

L이 C건설사에 입사한 지 15년쯤 되었을 때였다. 회사에서 권고사직 대상자 목록을 작성했다. 200여 명의 명단에는 L도 포함되어 있었다. 들리는 소문에 따르면 담당 전무가 말을 잘

과도한 자신감은 위험을 보지 못하게 한다. 열등감이 자신감을 확대시키기 때문이다.

Overconfidence blurs out the risk. Inferiority magnifies it.

- 토바 베타(Toba Beta, 작가)

들을 만만한 직원들만 골랐다고 했다. L은 평소에 큰 소리 한 번 내본 적 없는 매우 온순한 성격이었다. 대부분의 대상자들은 순순히 사표를 제출했다. 하지만 아이 셋에 치매를 앓는 어머니까지 모시고 있던 L에게 사표는 청천벽력이었다. 사표를 안 내고 있으니 담당 전무가 퇴직금과는 별도로 더 챙겨줄 테니 나가 달라고 했다. L은 이를 거부하고 계속 출근했다. 회사에서는 그에게 일을 주지 않은 채 '얼마나 버티나 보자'는 태도로 무시했다. 후배 직원들도 그를 냉랭하게 대했다.

6개월이 지나자 그의 책상은 복도 비상구 옆으로 나와 있었다. 그래도 그는 출근했다. 사람들이 지나다니는 곳에 앉아서 아무도 보지 않을 제안서를 쓰고, 외국에서 출간된 건축 관련 자료를 번역해서 임원들의 방으로 들여보냈다. 자신도 회사를 위해 일하고 있다는 것을 증명하기 위해서였다.

하루는 전무가 그에게 와서 말을 걸었다.

"L씨, 강한 척하지 마세요. 내가 당신 속을 모를 줄 알고?"

"누가 강한 척을 합니까? 저는 다른 사람들에게 방해받지 않

지나친 자신감은 악마에게 당신의 영혼을 조금씩 갖다 바치는 방법이다.

Overconfidence is the way to give your soul to the devil an inch at a time.

- 조 랜스데일(Joe Lansdale, 작가)

어떤 분야에서 당신이 최고라고 생각할 때, 그 생각이 틀렸다는 것을 증명하기 위해 누군가가 나타날 것이다.

Whenever you think that you're the best in something you do, then there will be always someone will come to prove you wrong.

- 임마누엘 모한(Immanuel Mohan, IT기업인)

고 이렇게 일을 하니 얼마나 좋은지 모릅니다. 저는 정년까지 채우고 당당히 퇴직하겠습니다."

그렇게 2년을 버텼는데, 전무가 갑자기 해고되었다. L의 책상은 다시 원래의 자리로 돌아갔다. L은 C건설사에서 몇 년 더 일한 뒤 감리회사로 자리를 옮겼다.

L은 당시를 회고하며 이렇게 말했다.

"전무가 나를 잘못 본 거지."

1991년 2월경, 나는 국내 최대 아파트촌을 통과하는 대로변에 '임대'라는 종이가 붙은 빈 가게를 보게 되었다. 당시는 자그마한 언론사와 취업 문제를 놓고 이야기가 오가던 때였다.

50여 년 동안 고물상을 했던 아버지는 "장사하지 말고 월급받고 사는 것이 약은 수"라고 말씀하셨다. 하지만 나는 장사를 하면 주님의 축복으로 크게 성공하리라고 확신했다. 페인트 가게로 돈을 많이 번 매형도 나를 지원했다.

"가게 열면 다 먹고살게 돼 있어. 그렇지 않으면 저 많은 가게가 왜 있겠어?"

유명 스포츠용품 회사에서 관계자가 나와 가게 주변을 둘러보았다. 그는 그곳이 인구 밀집 지역이고 주변에 학교가 많아 임대료와 경비를 제외하고도 점주에게 매달 500만 원 정도의 수익을 가져다줄 것으로 예측했다. 아버지가 반대하시는 가운데 나는 누가 그 가게를 먼저 가져갈까 봐 조바심이 났다.

임대 계약을 맺기 전 가게 앞을 서성거리고 있는데, 60대 남자가 지나가다가 발을 멈추더니 말을 걸었다.

"이 가게 계약했어요?"

"아뇨. 그냥 보는 겁니다."

"장사 경험이 없으면 가급적 하지 마세요. 저는 강남에서 식당을 하다가 다 말아먹었어요. 장사꾼 똥은 개도 안 먹는다는 말, 괜한 말 아닙니다."

나는 그것이 다른 사람들에게나 해당되는 말이라 생각했고, 결국 가게를 계약했다. 보증금 2천만 원에 권리금 2천만 원, 월세는 100만 원이었다. 대리점을 오픈하고 첫 달부터 세일에 들어가 정신없이 물건을 팔았다. 대여섯 명의 손님이 동시에 들어오면 이 사람 상대하랴, 저 사람 상대하랴 정신이 하나도 없었다. 아내와 동생 둘이 도와줘도 손이 모자랄 때도 있었다. 세일이 끝나고 정산을 해보니 그 달의 순수익은 약 400만 원이었다.

과도한 자신감은 경솔함보다 해롭다.

Overconfidence precedes carelessness.

- 토바 베타(Toba Beta, 작가)

아버지는 그 수익을 보고 말씀하셨다.

"그렇게 정신없이 팔았는데도 그 정도면 틀린 장사다. 가게 팔아라."

나는 아버지의 그 말이 듣기 싫어 아무 대답도 하지 않았다.

세일이 끝나자 매출이 6분의 1로 떨어졌다. 정상가격으로 판매한 지 약 20일쯤 지나면 가격할인이 시작되었다. 행사 이름만 다르지 사실상 세일이었다. 그런데 첫 세일 때만큼 물건이 팔리지 않았다. 정상가격으로 판매할 때처럼 지독하게 안 팔렸다. 그러다 임대료를 내지 못하기 시작했다. 나는 하루 종일 기도만 했다. 스트레스 때문에 원형탈모증까지 생겼고, 걱정이 되어 잠을 이룰 수가 없었다. "장사꾼 똥은 개도 안 먹는다"는 말이 왜 생겼는지 절감했다.

아버지가 그런 나를 보고 말씀하셨다.

"기도 백날 해봐라, 형편이 좋아지나. 빨리 부동산에 가게 내놔라."

결국 오픈한 지 5개월 만에 본사 담당 대리에게 문을 닫아야겠다고 말했다. 대리는 난감한 표정을 지으며 "아직 모르니 더 해보지 그러세요" 했다. 나는 그때까지만 해도 내가 갑의 위치에 있다고 생각했다.

며칠 뒤, 본사에서 불러 가보니 담당 과장이 그만둘 거면 이

달 안으로 그만두라고 했다. 가게를 다른 사람에게 양도하기도 전에 그만두라고 하니 몹시 당혹스러웠다. 본사에서는 그 뒤로 신제품을 전혀 보내주지 않았다. 입장이 바뀐 것이다. 나는 새 임대자가 나타날 때까지 기다리지 못하고 폐업 의사를 쉽게 내비쳤던 것을 후회했다. 본사가 그런 식으로 나올 줄 몰랐던 것이다.

나는 3개월을 그렇게 버티다가 결국 가게 문을 닫고 말았다. 그리고 새 임대자가 나타날 때까지 약 6개월간 임대료를 부담하는 손해를 감수해야 했다. 밀린 임대료는 가게를 다른 사람에게 넘기고 나서야 지불할 수 있었다.

근거도 없이 상대방을 우습게 여기거나, 업무의 강도를 낮게 예상하거나, 어떤 현상의 결과로 인한 피해를 과소평가하다가는 엄청난 고통을 겪게 될 수 있다. 안정화 편향의 결과다. 미래를 안정적으로만 예측하면서 과잉 확신이 생기는 것이다.

1912년 4월 10일, 승객과 승무원 2,224명을 태우고 영국 사우스햄튼을 떠나 미국 뉴욕으로 항해하던 타이타닉호는 4월 15일에 빙산과 충돌해 침몰했다. 이 사고로 1,514명이 사망했다. 출항 전 이 배의 설계사는 타이타닉호가 가장 완벽하게 설계된 세계 최대의 여객선이므로 침몰은 상상도 할 수 없다고 자신했다.

하지만 그의 호언장담과는 달리 타이타닉호는 허무하게 바닷속으로 가라앉았다.

1986년 1월 28일, 미국의 우주왕복선 챌린저호가 발사된 지 73초 만에 공중 폭발을 일으켜 탑승원 7명 전원이 사망했다. 원인은 SRB(고체 로켓 부스터)의 O링(고무패킹)이 추운 날씨에 얼어붙어 제 기능을 다하지 못한 데 있었다. 발사 전 O링 기술자가 문제가 생길 수 있다고 경고하며 발사 연기를 제의했지만, 이를 묵살해 자초한 참사였다.

로마제국의 건설자 율리우스 카이사르는 원로회의에 참석했다가 믿었던 친구 마르쿠스 브루투스(Marcus Brutus)의 칼에 쓰러졌다. 일본의 전설적인 레슬러 역도산(力道山)은 상대도 안 되는 불량배와 말다툼을 벌이다가 복부에 칼을 맞고 숨졌다.

1989년에 이루어진 동독 멸망은 누구도 예상치 못할 만큼 빠르게 전개되었다. 당시 동독 공산당 정치국 대변인 귄터 샤보브스키(Günter Schabowski)가 외국 기자들과 기자회견을 했다. 한

당신이 지나치게 자신 있어 할 때가 있는데, 바로 그래서 실수를 저지르는 것이다.

Some time you are very much sure and there where you make mistake.

- 제닐 카나니(Jenil Kanani, 소프트웨어 엔지니어)

기자가 동독 주민에 대한 여권 발급 기간을 단축하겠다는 중앙 정부의 정책이 언제 시행되느냐고 물었고, 그는 잘 알지도 못하면서 대수롭지 않게 '지금부터'라고 대답했다. 그 말을 곡해한 이탈리아 기자가 "독일 장벽이 무너졌다"고 본국에 타전했고, 미국 NBC 방송은 이를 확인하지도 않은 채 다시 보도했다. 그리고 서독 방송이 NBC 기사를 다시 받아 독일 전역에 내보냈다. 그러자 수십만의 동독 주민이 일시에 동베를린과 서베를린을 가로지르는 장벽으로 몰려들었다. 그리고 베를린 장벽은 무너졌다.

베어링스 뱅크(Barings Bank)는 영국에서 가장 오래된 은행이었다. 니콜라스 리슨(Nicholas Leeson)은 싱가포르 지점에서 파생금융상품을 전문으로 하는 딜러였다. 그는 본사의 허락도 없이 투자했다가 2천만 파운드의 손해가 발생하자 다른 투자를 통해 만회하려다가 14억 달러라는 천문학적 손실을 발생시켰다. 이 때문에 베어링스 뱅크는 233년이라는 유구한 역사를 뒤로한 채 문을 닫았다. 이는 사람의 정직성을 과신한 나머지 엄격한 점검 시스템을 가동하지 않아 붕괴한 대표적 사례이다.

13세기 초, 몽골의 지도자 칭기즈칸은 호라즘 제국(지금의 이란, 이라크)의 무함마드 2세에게 사신을 보내 국교를 제의했다. 하지만 무함마드 2세는 그 제의를 거절하고 몽골 사신을 참수했다. 이에 크게 격노한 칭기즈칸은 20만 명의 군대를 보내 호라즘 제국을 멸망시켰다. 무함마드 2세는 몽골 사신을 죽여도 별일 없으리라는 자신감 때문에 나라를 잃고 말았다.

러시아의 황제 알렉산드르 2세는 자국의 영토 알래스카를 얼음이 덮여 있어 관리하기 힘든 쓸모없는 땅으로 판단했다. 또한 언젠가는 미국에 빼앗길지 모른다는 두려움도 있었다. 그는 그럴 바에는 차라리 팔아버리는 게 낫다고 생각해서 1867년 3월 720만 달러를 받고 미국에 알래스카 소유권을 넘겼다. 면적이 한반도의 약 8배인 알래스카는 수십 조 달러에 달하는 자원이 묻혀 있는 것으로 알려져 있으며, 전략적으로도 매우 중요한 곳이다. 알래스카가 별 볼일 없는 땅이라는 확신이 러시아가 더 부유하고 강한 나라로 성장하는 것을 막게 된 것이다.

1956년, 포드사는 제너럴모터스의 올즈모빌(Oldsmobile)에 대항할 수 있는 신모델로 에드셀(Edsel)을 출시했다. 반드시 성공한다는 확신 아래 대대적으로 광고를 했지만 에드셀은 극심한 판매 부진으로 1959년 단종되고 말았다. 3억 5천만 달러(2019년 가치로 약 35억 달러)를 투자한 이 프로젝트는 자동차 역사상 가장 큰 실패작으로 꼽힌다.

1970년대에 제록스(Xerox)사는 제록스 알토(Xerox Alto)라는 개인용 PC와 그래픽사용자 인터페이스(GUI)를 개발하고도 시장에 내놓을 생각을 하지 않았다. 컴퓨터상에서 텍스트 대신 이미지와 상호작용을 하게 하는 GUI는 요즘 모든 컴퓨터에 사용되는 기술이다.

1980년대에 애플은 스티브 잡스(Steve Jobs)를 포함한 애플 직원들이 3일간 제록스사를 방문해 둘러보는 조건으로 주식 100만 달러를 제공했다. 애플은 제록스사에서 배운 기술을 이용해서 지금 우리가 사용하는 PC를 개발해냈고, 이를 대대적으로 판매해 세계적인 IT기업으로 성장했다. 제록스는 뒤늦게 자사 기술의 가치를 깨달았지만 뒤늦은 일이었다. 신생 기업을 우습게 여겨 애플 직원들에게 자사 연구실을 공개한 제록스의 자만심이 불러온 화였다.

1982년에 개봉된 영화 〈E.T.〉는 열 살 소년 엘리엇과 지구의 식물을 연구하러 왔다가 낙오된 외계인의 우정을 그린 영화다. 촬영팀은 엘리엇이 창고에 숨어서 나오지 못하는 외계인을 밖으로 유인하기 위해 땅에 일정 간격으로 초콜릿을 떨어뜨리는 장면을 포함시킬 예정이었다. 원래는 M&M 초콜릿을 사용하려 했지만 M&M사가 이를 거부하는 바람에 이름도 없던 리즈피스사의 캔디를 사용하게 되었다. 후에 〈E.T.〉가 세계적으로 엄청난 흥행을 하면서 리즈피스사의 매출도 65%나 급증했다. M&M사는 촬영팀의 제의를 거부한 대가로 또 다른 경쟁자를 맞이하게 된 것이다.

자신에 대한 타인의 충성심, 선의 또는 우정을 그대로 믿어선 안 된다. 수십 년간 그래 왔어도 앞으로 계속 그러리라는 보장은 없다. 나의 아버지는 20여 년간 시키는 일이라면 군소리 없이 해온 먼 친척 아저씨에게 서울에서 중산층 주택 6채 정도를 살 만한 돈을 사기당했다.

물론 남들 또한 나를 너무 믿어선 안 된다. 30여 년간 나를 선배로 불러온 미국 교포 변호사 R는 뭔가를 새로 발견해서 특허를 받았다는 내 매제(미국에 있는 대학교의 교수)를 한 제약회사와 연결시켜주겠다며 소개해달라고 전화를 걸어왔다. 하지만 특허가 생산으로 이어질 확률이 1%도 안 된다는 점에서 나는 시간과 돈을 허비하지 말고 일단 기다려보자고 했다. 그 뒤로도 그는 계속해서 전화를 걸어왔다. 전화를 안 받았더니 어느 순간 연락이 끊겼다. R는 내가 배신했다고 생각했을 것이다. 물론 내 매제의 특허는 지금까지 아무도 찾지 않았다.

내가 친구의 뒤통수를 친 일도 있다. 장사를 할 때 돈이 너무 급해서 내 말이라면 철석같이 믿는 고등학교 동창에게 일주일만 쓰겠다고 하고 100만 원을 빌리고는 약속을 지키지 못했다. 친구는 내가 미안해할까 봐 전화를 하지 않았다. 몇 년 뒤 목돈이 들어와 꾼 돈을 갚으려고 친구에게 전화를 했더니 없는 번호라고 했다. 나에 대한 믿음은 산산이 깨졌을 것이다. 후배와 친구는 나에 대한 평가가 과장되었다는 것에 실망했을 것이다.

대학 시절, 능력도 없으면서 미국 아이비리그 대학원 박사 과정에 다녔다는 M이 교수들과 대화를 나누던 장면이 선하다. 그때 M의 손에는 다른 대학 교수가 쓴 책이 들려 있었다. 대충 이런 말이 오갔다.

"그 책 뭐야?"

"네, ○○○ 교수님의 《외교론》이요. 그런데 이 책 별로예요."

그 순간, 교수가 버럭 화를 냈다.

"학생이 어떻게 그런 말을 해?"

교수는 M을 경멸의 시선으로 바라보았다. 전문가인 교수는 이제 막 전공을 시작한 학부생이 건방지게 말하는 것에 분노가 치밀었을 것이다. 이처럼 비전문가가 잘 알지도 못하면서 전문 영역을 우습게 보는 것을 더닝-크루거 효과(Dunning-Kruger

건방짐은 주관적이고 직관적인 자기 과신으로서 무지의 증거이다. 성숙함은 고난을 경험하며 인간이 무엇을 견딜 수 있는지를 배우면서 얻어진다.

Cockiness - the state subjective or intuitive state of self-assurance - is a sign of ignorance. Maturity comes with encountering the horrible and learning about what a person can withstand.

- 킬로이 올드스터(Kilroy Oldster, 작가)

자신감이 있으면 빨리 시작할 수 있다. 자신감 때문에 첫 번째 일을 잘하고, 그 뒤로도 어쩌면 두 번 더 성공할 수 있을지 모른다. 하지만 자신감은 배우는 것을 방해한다. 자신감은 얼마 있다가 조롱거리가 된다. 나는 마흔이 넘어서도 나아지지 않는 허풍쟁이들을 얼마나 많이 만났는지 모른다.

Confidence gets you off to a fast start. Confidence gets you that first job and maybe the next two promotions. But confidence stops you from learning. Confidence becomes a caricature after a while. I can't tell you how many confident blowhards I've seen in my coaching career who never get better after the age of forty.

- 빌 월시(Bill Walsh, 영화프로듀서/시나리오작가)

effect)라 한다. 이런 현상이 나타나는 이유는 어떤 일을 하는 과정이 얼마나 복잡하고 위험한지를 이해하지 못하기 때문이다.

한 예로 물리학자가 계산해보니 10억 달러의 비용으로 1년 안에 고속철도를 놓을 수 있다는 결론에 도달했다. 반면 경험이 많은 전문 설계사는 220억 달러를 들여야 10년 안에 간신히 철도를 완성할 수 있다고 예측했다. 여기에서 물리학자는 안전, 승객의 안락감, 운영 방법 등을 고려하지 않고 순전히 기차가 튜브를 통과하는 것만 생각했기 때문에 그런 결론에 도달한 것이다.

매사를 너무 쉽게 말하는 것은 무지의 소치다. 남을 함부로 평가했다가 망신당하는 것은 흔한 일이다. 역사는 사람이나 일 또는 앞으로 닥칠 일을 대수롭지 않게 여기고 대비하지 않았다가는 끔찍한 대가를 치르게 된다는 것을 알려준다. 안정화 편향이 심하면 반드시 이런 부작용을 경험하게 된다. 마음과 육신이 편하면 반드시 가혹한 대가가 따르는 법이다.

인간은 극히 일부분만 본다

우리는 사물을 있는 그대로 보지 않고 우리의 관점으로 본다.

We don't see things as they are, we see things as we are.

- 아나이스 닌(Anais Nin, 소설가)

긍정적 사고가 위험한 것은 긍정적 시각의 프리즘을 통해서 세상을 안정 편향적으로만 보려 하고, 반드시 존재하게 마련인 부정적 면을 보려 하지 않기 때문이다. 반대로 부정적 시각으로만 보는 것도 위험하다. 한쪽으로 치우진 시각이 야기한 부작용에 대해서는 주변에서 쉽게 듣고 볼 수 있다.

앞에서 이야기했던 성호는 우리 이웃집 아이였다. 나의 아내와 성호 엄마는 지금도 친구처럼 지낸다. 성호 엄마는 오래전부터 시골에서 농사지으며 살고 싶다고 노래를 불렀다. 그래서 도시에 살다가 시골로 이사해 평화롭고 행복하게 사는 사람들을 틈틈이 찾아다녔다. 그러다가 6년 전 서울에서 그리 멀지 않는 경기도의 한 지역으로 이사를 갔다. 성호네는 땅 600여 평을 사고 2층 집을 지은 뒤 본격적으로 농사를 짓기 시작했다.

자동차 수리점을 하는 남편은 매일 오토바이를 타고 출퇴근을 했다. 성호 엄마는 상추, 고추, 파 같은 것을 재배해서 근처 마트에 팔았다. 그런데 농사일이란 게 보통 힘든 일이 아니었다. 밤 12시 전에 잠자리에 드는 날이 손으로 꼽을 정도였고, 상품을 포장하느라 밤을 꼬박 새우는 날도 있었다. 그렇게 일하는데도 한 달 수입은 200만 원이 될락 말락 했다. 일의 강도에 비해 수입이 너무 적어 결국 올해부터는 농사를 접고 간병인으로 나섰다.

"내가 미쳤지. 어쩌자고 덜컥 농사를 짓는다고 했을까?"

성호 엄마는 현저 편향(또는 편견)으로 시골 생활을 낭만적으로

사람은 모두 천재이다. 하지만 물고기를 나무에 오르는 능력으로 판단하려 한다면 물고기가 바보라 믿으며 한평생을 보내게 될 것이다.

Everybody is a genius. But, if you judge a fish by its ability to climb a tree, it will spend its whole life believing that it is stupid.

- 알베르트 아인슈타인(Albert Einstein, 물리학자)

만 보는 오류를 범했고, 뒤늦게야 자신의 생각이 틀렸다는 것을 깨달았다. 긍정적 사고에 젖어 미래를 안정적으로만 보려는 사람들이 더 많이 보이는 인지적 오류다.

현저 편향(Salience bias)은 사람, 물건, 현상 또는 이벤트 등의 가장 두드러진 특정 부분이나 정보에 초점을 맞추고 그 밖의 부분은 무시하는 것을 말한다. 예를 들어 흰색 양 무리에 섞여 있는 검은색 양 한 마리는 눈에 확 띄게 마련이고, 조용한 엘리베이터 안에서 전화하는 사람의 목소리는 유난히 크게 들리는 법이다.

정보를 처리하는 인간의 능력은 제한적이어서 어떤 상황의 모든 면에 신경을 쓸 수는 없다. 인간은 현저 편향을 가지고 있어서 자신에게 가장 어필하는 정보만 골라낸다. 하지만 그 정보가 반드시 정확하고 중요한 것은 아니라는 데 문제가 있다. 예를 들어 언론은 비행기 추락 사건처럼 아주 드물게 발생하는 사건에는 초점을 맞추지만 매일 발생하고 그보다 더 위험한 위협,

> 사물을 바라보는 방법을 바꾸면, 그것으로 인해 당신이 바라보는 사물 자체가 바뀐다.
>
> When you change the way you look at things, the things you look at change.
>
> - 막스 플랑크(Max Planck, 물리학자)

즉 췌장암 발병 같은 일에는 별로 관심이 없다.

우리나라 사람들은 인격을 상당히 중요시한다. 그런데 과연 겉으로 드러난 면으로 사람을 알 수 있을까? H는 명문 대학의 교무과장으로 내가 다니던 교회의 장로였다. 그는 겸손하고 신실한 사람으로 십일조를 빼놓지 않고 교회에 헌금했으며, 독거노인들도 잘 돌보았다. 남들이 거짓말을 해도 믿으려 노력하는 사람이었다.

그런데 언제부터인가 H의 얼굴에 수심이 가득했다. 나중에 그 이유를 알게 되었다. 20년 이상 같이 일한 부하직원이 급한 일로 큰돈이 필요하다고 해서 믿고 자신이 보증을 서서 학교 재단으로부터 초저금리로 대출을 받게 해주었다고 한다. 그런데 그 직원이 외국으로 도망을 갔다는 것이다. H는 인격이라는 프리즘으로 사람을 관찰하고 믿었다가 큰코다친 것이다.

물건을 살 때도 현저 편향이 발생한다. 다음은 한 학술 논문에 등장하는 현저 편향의 사례이다.

이 세계를 구하기 위해 쓸 시간이 60초 남아 있다면 나는 문제를 규명하는 데 55초를 쓰고, 해결책을 찾는 데 5초를 쓸 것이다.

If I had sixty minutes to save the world, I would spend fifty-five minutes defining the problem and only five minutes finding the solution.

- 알베르트 아인슈타인(Albert Einstein, 물리학자)

레드와인을 한 병 사려고 포도주 상점에 들어갔다. 두 종류가 마음에 들었다. 프랑스산 쉬라와 호주산 시라즈. 쉬라 가격은 20달러였고, 동일한 포도 품종으로 만든 시라즈는 10달러였다. 나는 쉬라의 품질이 50% 정도는 더 좋겠지만 가격이 두 배나 비싸므로 10달러짜리 시라즈가 더 경제적이라 판단해서 그걸로 구입했다. 일주일 뒤, 나는 한 식당에 들어갔다가 그 두 종류의 포도주를 발견했다. 거기에서는 쉬라가 60달러, 시라즈가 50달러였다. 나는 쉬라의 품질이 50% 정도 좋으면서 시라즈보다 20%밖에 비싸지 않다고 생각해서 이번엔 거금을 투자해 쉬라를 샀다.

실험에 참가한 소비자들에게 그럭저럭 쓸 만한 20달러짜리와 그보다 조금 더 좋은 30달러짜리 토스터 중 하나를 선택하라고 요구했다. 대부분이 20달러짜리를 골랐다. 이번에는 품질이 약간 더 좋은 50달러짜리 토스터를 목록에 추가해 3개 상품 중 하나를 고르라고 요구했다. 이번에는 30달러짜리를 고른 사람이 가장 많았다.

상상은 간섭이자 반항으로서 믿음을 바꾸게 한다.

Imagination is intervention, an act of defiance. It alters belief.

- 데이비드 무라(David Mura, 작가)

현저 편향은 백화점에서도 나타난다. 상점 유리창에 각 상품의 정상가격을 적은 포스터를 붙여놓고 며칠 동안 그대로 둔다. 그런 다음 정상가격에 ×자를 긋고 그 옆에 대폭 할인한 가격을 써서 붙이면 고객이 몰려든다. 백화점 매출의 절반 이상은 이런 할인 행사를 통해 이루어진다.

인간의 현저 편향성을 무시했다가 큰코다친 사례도 있다. 2012년, 매출부진으로 고전하던 백화점 체인 J. C. 페니는 애플 부사장 출신 론 존슨(Ron Johnson)을 회장으로 영입했다. 애플에서의 성공으로 자신감을 얻은 존슨은 파격적인 판매 전략을 수립했다. 세일을 없애고 물품에 적당한 값을 매기기로 한 것이다. 하지만 고객의 발길이 뚝 끊기면서 매출이 25%나 떨어졌다. 2만여 명의 직원을 감원하는 사태가 벌어졌고, 존슨은 2013년에 J. C. 페니를 떠났다. 이것은 자신의 전문 영역이 아닌 백화점 영업에 대해 심도 있는 연구 없이 의욕만으로 백화점 수익을 올리려 한 성급함이 조직의 근간을 흔든 대표적 사례이다.

나도 스포츠용품 대리점을 할 때 매출의 대부분은 세일이나 가격할인 기간에 이루어진다는 것을 경험한 바 있다. 본사와 계약할 때는 매출의 30%를 점주가 수익으로 갖고 70%는 본사로 송금하도록 한다. 그런데 카드 수수료 4%를 제외하면 점주에게 실제로 돌아오는 몫은 26%로 줄어든다. 세일이나 가격 할인을 할 때는 대폭 할인된 가격의 20%만을 점주가 가져가는데, 카드 수수료 4%를 제외하면 실제로는 16%밖에 안 된다. 손님들이 쉴 틈 없이 계속 들어와서 물건을 사야 가까스로 200~300만 원 정도를 집에 가져갈 수 있다는 계산이 나온다. 나는 그때 스포츠용품 대리점을 개설하기 전 판매원으로 일해보지 않은 것을 얼마나 후회했는지 모른다. 그랬다면 그 사업이 나와 맞지 않는다는 것을 알아차렸을 것이기 때문이다.

자연계에 대해서도 우리는 현저 편향적이다. 꽃이 얼마나 예쁜지, 나무는 얼마나 튼튼하게 자라는지, 강물은 얼마나 깨끗이 흐르는지, 벼는 얼마나 많이 여무는지에 대해서만 신경을 쓴다. 생물끼리 치열하게 싸우고, 도움을 받고, 또 어떻게 노력하는지에 대해서는 알아채지 못한다.

예를 들어 A라는 풀은 B, C라는 풀과는 사이가 안 좋아서 붙어 있으면 서로 죽이려 하는 반면 D, E라는 식물과는 사이가 좋다. 그러면 D, E는 A를 괴롭히는 B, C가 싫어하는 냄새를 풍겨

아름다움과 마찬가지로 편향은 보는 사람의 눈에 따라 달라진다. 팩트는 편향을 막아주는 방화벽이다.

Bias, like beauty, is often in the eye of the beholder. Facts are your firewall against bias.

– 톰 브로카우(Tom Brokaw, 방송인)

사람을 이해하는 것은 전혀 어렵지 않다.
다만 편견 없이 듣는 것이 어려울 뿐이다.

It's not at all hard to understand a person;
It's only hard to listen without bias.

- 크리스 제이미(Criss Jami, 시인)

A를 돕는다. 또 A는 D, E와 앙숙인 식물이 싫어하는 냄새를 내뿜어 이에 보답한다.

식물의 뿌리에는 '수지상 균근균'이라는 곰팡이가 살고 있다. 이 곰팡이는 땅속에 살기 때문에 광합성을 할 수 없으므로 식물을 통해 탄소원을 받아 에너지를 삼는다. 그 대신 식물에 적절한 영양분을 제공해주고 나쁜 병원체가 다가오면 싸워서 식물을 지켜준다. 상부상조, 동맹의 중요성을 아는 곰팡이다. 이처럼 생물은 다른 생물들과 싸우기도 하고 서로 도와주기도 한다.

식물과 동물의 관계도 마찬가지다. 식물은 자신이 동물에게 먹힐 것에 대비해 작전을 쓴다. 손상을 받아도 생명에는 지장이 없는 이파리 부분은 부드럽고 맛있게 해서 동물을 그쪽으로 유도하는 것이다. 반면 생명과 직결된 뿌리 부분은 쓰고 딱딱하게 해서 동물들이 싫어하게 만든다. 그런가 하면 맛있는 냄새를 풍겨 오히려 유혹하기도 한다. 먹이를 주는 대신 동물의 몸에 씨를 붙여 자기 종족을 널리 퍼트리기 위해서다. 식물도 이렇게 머리를 쓰지만, 우리 눈에는 그것이 보이지 않는다.

눈은 마음이 이해하려고 준비한 것만 본다.

The eye sees only what the mind is prepared to comprehend.

- 앙리 베르그송(Henri Bergson, 철학자)

변호사를 꿈꾸는 청년들이 많다. 돈을 많이 벌 수 있고 또 멋져 보인다. 대형 로펌에 들어가면 1년에 수억을 번다고 한다. 하지만 그런 변호사만 있는 것은 아니다. 12년 전에 만났던 한 변호사는 내게 이렇게 말했다.

"변호사 1인당 한 달에 3천만 원은 매출을 올려야 연봉 1억 정도가 되는데, 점점 변호사가 많아져서 그렇게 벌기는 힘듭니다."

그는 낮에는 법원에 가야 하고 수시로 상담을 하느라 시간이 부족하다고 했다. 그래서 문서 작업은 남들이 퇴근한 뒤 시작해 밤 12시까지 하는 것이 보통이고 밤을 새우는 일도 있다고 한다.

3년 전에 만난 한 젊은 변호사는 경찰 출신 사무장 밑에서 일하는데, 소문에 따르면 월급이 300만 원이라고 했다. 미국처럼 사무실 임대료도 내기 힘들어 차고를 사무실로 개조해서 활동하는 변호사가 우리나라에 등장할 날도 멀지 않았다.

〈데어 윌 비 블러드(There will be Blood)〉라는 영화가 있다. 주인공 다니엘 플레인뷰라는 중년 남자가 어린 아들을 데리고 뉴

우리가 수집한 정보를 보면 우리의 편향성이 나타난다. 우리는 우리가 원하는 결과에 합치된 것에만 집중하려 한다.

All of us show bias when it comes to what information we take in. We typically focus on anything that agrees with the outcome we want.

- 노리나 허츠(Noreena Hertz, 경제학자)

멕시코 주를 떠돌다가 한 기독교인 집안의 땅 밑에 엄청난 석유가 매장돼 있다는 것을 알게 된다. 집주인이 그 사실을 알기 전에 그 땅을 사려면 그가 다니는 교회의 젊은 목사 폴 선데이를 구워삶아야 한다. 플레인뷰는 하나님의 능력을 받았다고 주장하는 그 애송이 목사에게 온갖 굴욕을 참아가며 충성을 다한다. 그렇게 온갖 고통과 시련을 극복하고 비열한 잔꾀까지 써서 작전에 성공한 그는 마침내 거부가 된다.

선데이 목사는 플레인뷰가 빌려준 투자금을 다 날리고 빈손으로 돌아와 다시 한 번 기회를 달라고 한다. 하지만 플레인뷰는 교인들에게 "하나님에게 구하면 무엇이든 다 받을 수 있다"고 외치던 목사의 위선에 치를 떨며 목사를 때려죽인다.

평론가들은 이 영화를 어떻게 봤는지 모르지만, 나는 영화를 통해 세상에서 생존하려면 현실적으로 살아야 한다는 것을 깨달았다. 현실적으로 살아야 한다는 것은 좋은 면뿐 아니라 부정적인 면 그리고 보이지 않는 면도 보도록 노력해야 한다는 뜻이다.

아침부터 저녁까지 나는 현실 세계에서 시간을 보낸다. 내가 환상에 빠지는 것은 밤에 잠잘 때뿐이다.

From dawn to dusk I spent my time in the real world. Only in my dreams at night could I indulge my fantasies.

- 에도가와 란포(Edogawa Rampo, 소설가)

유트브에서 흥미로운 영상을 발견했다. 한 청년이 산에서 내려오고 있었다. 조금만 더 내려오면 절벽이었다. 그 광경을 본 경찰관인지 산림관리자인지가 확성기를 통해 밑이 절벽이라고 경고한 뒤 위로 올라가라고 지시했다. 하지만 청년은 그 말을 무시하고 계속 내려오다가 갑자기 90도 경사의 절벽을 만나자 깜짝 놀랐지만 때는 늦었다. 그는 떨어졌고, 바로 죽었다. 모든 일이 눈 깜짝할 사이에 벌어진다. 이것이 현실이다. 이 길이 지금은 안전하게 보일지 모르지만 실상은 죽음의 길일 수도 있다.

긍정적 사고는 현저 편향에 매우 취약하다. 세상은 넓고 깊어서 다 헤아릴 수 없는데, 치밀하게 관찰하는 수고까지 하기는 싫기 때문이다. 긍정적인 사고만으로 안정되게 살 수 있고 목표를 이룰 수 있다고 착각하기 때문이다. 그 대가는 너무 크다.

현실 세계는 괴물들이 들끓는 곳이다.

The real world is where the monsters are.

- 릭 라이어던(Rick Riordan, 소설가)

목표를 높게 잡으면 죽도 밥도 안 된다

사람들에게 거짓말을 믿게 하는 확실한 방법은 중단 없이 반복하는 것이다. 그렇게 해서 그 거짓말에 익숙해지면 진실과 구별하기 힘들어지기 때문이다. 이는 독재자들과 장사꾼들이 이미 잘 아는 사실이다.

A reliable way to make people believe in falsehoods is frequent repetition, because familiarity is not easily distinguished from truth. Authoritarian institutions and marketers have always known this fact.

- 대니얼 카너먼(Daniel Kahneman, 심리학자/경제학자)

자신의 능력을 고려하지 않고 목표를 높게 잡으면 인생 종치기 십상이다. 긍정적 사고에 대한 책들의 경우, 예를 들어 목표를 100으로 정하면 못해도 80에는 도달할 수 있다고 말한다. 하지만 실상은 50은커녕 마이너스 100으로 떨어질 수도 있다.

다음은 미국에서 대학원에 다니는 한국 학생이 최근에 직접 목격한 일이다.

세계적인 명문 C대학 화학공학과 박사 과정 2년 차인 중국 학생이 여름방학에 교수에게 아무 말도 없이 2주 예정으로 중국에 갔다. 이공계 박사 학생은 실험을 해야 하기 때문에 사실상 방학이 없다. 그런데 당연히 실험실을 지켜야 할 학생이 보이지 않자 교수는 주변 학생들에게 물어 그가 중국에 간 것을 알았다.

2주 뒤 그 학생이 실험실에 나타났다. 교수는 더 이상 자기 학생으로 인정할 수 없으니 실험실에서 나가라고 통보했다. 사실 그 학생은 교수의 인정을 받는 제자로 대학원 입학 1년 만에 유력 학술지에 1저자 논문도 2편이나 실려 전도가 유망하다는 칭찬을 받던 터였다. 사전에 이야기 없이 실험실을 비웠다고 해서 퇴출까지 시키리라고는 꿈에도 생각지 못했던 학생은 몹시 당황했다. 그는 다른 교수들에게 자신을 받아줄 수 있는지 물었지만 모두 고개를 저었다. 그렇다면 학교를 그만두는 수밖에 없었다.

학생은 학과장을 찾아갔다. 화학공학 분야에서 아주 유명한 학과장은 비록 그 학생의 연구 능력이 뛰어나다고 해도 교수들이 학생을 원하지 않으면 자신으로서도 어쩔 수 없다고 말했다. 그는 오하이오 주에 있는 애크런대학교의 폴리머 공대 학장을 잘 안다면서 원하면 추천해주겠다고 말했다. 애크런대학교는 그리 유명하지 않지만 폴리머 공학으로는 세계 최고의 대학으로 꼽힌다. 우리나라 타이어 회사에서도 연구진을 자주 파견해 연수시키는 곳이기도 하다.

학생은 생전 들어보지도 못한 대학에서 박사학위를 받고 싶지는 않다면서 중국으로 돌아갔다. 사실 과학자나 엔지니어가 되는 데는 어느 학교 출신이냐가 전혀 문제되지 않는데, 이 학생에겐 학교 명성이 무엇보다 중요했던 것이다. 즉, 그에게는 C대학이 기준점이었다.

인간은 이처럼 자신이 추구해야 할 목표를 기준점으로 삼고 그에 맞춰 행동하려 한다. 이를 기준점 편향(Anchoring bias) 또는 편견이라고 한다.

앞에서 소개했던 나의 대학 친구 M의 기준점은 아이비리그 대학에서 정치학 박사를 받는 것이었다. 자신의 능력과 처지를

사람들은 성공적인 삶의 평균에 대비하여 자신의 삶을 평가한다. 성공적인 삶의 평균은 대체로 보편적이다. 예를 들어 아프리카 토고 사람들이 생각하는 행복과 덴마크 사람들이 생각하는 행복이 같은데, 돈과 물질적 번영이 상당 부분을 차지한다는 점에서 그렇다.

When people evaluate their life, they compare themselves to a standard of what a successful life is, and it turns out that standard tends to be universal: People in Togo and Denmark have the same idea of what a good life is, and a lot of that has to do with money and material prosperity.

- 대니얼 카너먼(Daniel Kahneman, 심리학자/경제학자)

고려하지 않고 그 기준점에 맞춰 미래를 계획했으니 인생이 잘 풀릴 리 없다.

비슷한 사례가 있다.

W는 상당히 좋은 대학에서 경제학 박사를 받았고, 랭킹 30위권 안에 드는 대학의 교수가 되는 것이 목표였다. 실력이 있었기 때문에 명문 N대학 조교수로 갔다. 같은 해에 박사를 받은 또 다른 한국인 J는 그리 유명한 학자가 되고 싶지 않다면서 촌구석에 있는 작은 대학으로 갔다. J가 기차역에서 내렸을 때 그 대학 학장인지 총장인지가 아내와 함께 마중을 나왔다는 말을 들은 적이 있다.

W는 결혼도 유명한 아버지를 둔 여자와 했다. 그런데 5년 뒤 부교수 승진 심사에서 떨어졌다. 몇 년 뒤 다시 심사를 봤지만 또 떨어졌다. 승진 심사에서 두 번 탈락하면 학교를 떠나야 하기 때문에 랭킹 70위권쯤 되는 대학의 조교수로 옮겨 갔다. 그런데 그곳에서도 승진 심사에서 탈락하고 난 뒤 아내와 이혼했다.

W는 한국인이 많이 사는 대도시에 컨설팅 사무실을 차렸다.

세상이 어떻게 돌아가는지에 대한 우리의 식견은 매우 좁다.

We have a very narrow view of what is going on.

- 대니얼 카너먼(Daniel Kahneman, 심리학자/경제학자)

하지만 컨설팅을 받을 만큼 큰 사업을 하는 교포가 아주 드물었다. 게다가 컨설팅을 받는다 해도 정상적인 컨설팅 업체에서 받지 교수직에서 밀려난 사람에게 컨설팅을 받을 리 없었다.

반면 J는 작은 지방 대학에서 종신교수직을 얻었고, 이후 큰 대학에 스카우트되어 경영대학 학장까지 지냈다. 이처럼 기준점을 높게 잡는다고 해서 높은 이상을 달성하는 것도 아니고, 낮게 잡는다고 해서 높은 목표에 도달하지 못하는 것도 아니다.

기준점 편향(또는 닻내림 효과)은 정책을 결정할 때 기존 정보나 처음으로 얻은 정보에 지나치게 의존할 때 발생한다. 예를 들어 티셔츠를 구입하는데 처음엔 1,200달러 옷을 보고 그다음엔 100달러 옷을 봤다면 100달러 옷을 구입할 가능성이 높아진다. 하지만 100달러 옷만 봤다면 그것이 싸게 느껴지지 않는다. 처음에 본 티셔츠의 가격, 즉 닻(Anchor)이 구매 결정에 지나친 영향을 미치게 되는 것이다.

기준점 편향 개념은 1974년 경제학자 대니얼 카너먼과 인지심리학자 아모스 트버스키(Amos Tversky)가 공동으로 집필한 논

자신을 속이지 않는 것처럼 어려운 것은 없다.

Nothing is so difficult as not deceiving oneself.

- 루트비히 비트겐슈타인(Ludwig Wittgenstein, 철학자)

문 〈불확실성 하에서의 판단 : 휴리스틱과 편향(Judgment Under Uncertainty : Heuristics And Biases)〉을 통해 세상에 알려졌다. 두 교수는 실험 참가자들에게 1에서 100까지 적힌 원판을 돌리라고 주문한 뒤, 전체 유엔 회원국 가운데 아프리카 국가가 몇 퍼센트나 차지하는지를 물었다. 원판을 돌리다가 10번에서 멈췄을 때 참가자들이 대답한 수치의 평균은 25%였다. 60에서 멈췄을 때는 45%였다. 즉, 원판이 멈췄을 때 나타난 숫자가 기준점 편향을 발생시켜 참가자들로 하여금 그 수치에 가까운 예상치가 나오게 했다는 것이다.

또 다른 예로, 보통 30분은 기다려야 안내를 받는 식당에 두 커플이 대기자 명단에 이름을 올렸다고 가정하자. 웨이터가 A커플에게는 대기시간이 15분이라고 하고, B커플에게는 대기시간이 30분이라고 말했다. 그런 다음 웨이터는 25분이 지나서야 두 커플을 동시에 테이블로 안내했다. 그러자 A커플은 시계를 보며 10분이나 늦었다고 짜증을 냈고, B커플은 5분이나 빠르다며 좋

경제학자는 사람이 무엇을 해야 하는지를 생각한다. 심리학자는 사람들이 실제로 무엇을 하는지를 관찰한다.

Economists think about what people ought to do. Psychologists watch what they actually do.

- 대니얼 카너먼(Daniel Kahneman, 심리학자/경제학자)

위기를 한 번 겪고 나면 우리는 위기가 왜 일어났는지 이해가 된다면서 마치 세상을 이해할 수 있을 것처럼 말한다. 하지만 우리는 세상에서 일어나는 일을 대부분 이해할 수 없다는 점을 인정해야 한다.

After a crisis we tell ourselves we understand why it happened and maintain the illusion that the world is understandable. In fact, we should accept the world is incomprehensible much of the time.

- 대니얼 카너먼(Daniel Kahneman, 심리학자/경제학자)

아했다.

이러한 사례들을 통해 목표를 높게 잡으라는 긍정적 사고 옹호자들의 주장이 오히려 부작용을 일으키는 원인이 되기도 한다는 것을 알 수 있다.

내가 자주 가는 도서관에서 직접 목격한 일이다.

옆자리에 앉은 고등학생이 볼펜으로 흰 종이를 검게 칠하고 있었다.

"물감으로 칠하지, 왜 볼펜으로 그래?"

내 물음에 학생이 겸연쩍은 미소를 지었다.

"하루에 볼펜 한 자루를 다 쓸 만큼 공부하는 게 제 목표거든요. 저는 쓰지 않으면 공부하는 것 같지가 않아요."

"그거 아주 좋은 공부법이네. 그래서?"

"오늘은 공부하기 싫은데 볼펜 한 자루는 다 써야 하고, 그래서 잉크가 빨리 닳으라고 이러는 거예요."

"그런다고 네가 세운 목표가 달성되는 건 아니잖아?"

과학자인 당신의 임무는 당신이 스스로를 어떻게 속이는지를 밝혀내는 것이다.

Your job as a scientist is to figure out how you're fooling yourself.

- 솔 펄머터(Saul Perlmutter, 천체물리학자)

"사실 떳떳하지 못하죠. 저 자신을 속이는 것 같고……."

이와 같이 목표를 높이 세우고 실천하지 않는 것보다는 아무 목표도 없이 행동하는 것이 스트레스를 받지 않으니 훨씬 현명한 일이다. 내 경험을 소개한다.

나는 초등학교 2학년 말까지 공부를 지독하게 못했다. 반에서 꼴찌였다. 시험을 봤는데 점수가 0점인 아이는 나밖에 없었다. 그래서인지 주눅이 들어 설사가 날 것 같은데도 나를 무시하는 선생님이 무서워서 화장실에 보내달라는 말도 못한 채 그냥 바지에 실례를 한 적도 있다.

그러던 어느 날, 무슨 생각에서였는지 마루에 엎드려 국어책을 펴고 읽었다. 모르는 글자는 누나에게 물어보며 책을 읽었다. 그다음 날 받아쓰기 시험을 봤는데, 마침 어제 읽은 부분에서 선생님이 문제를 냈다. 채점을 마친 뒤 이름을 불러가며 답안지를 돌려주던 선생님이 나를 유심히 쳐다보았다. 그러고는 내 머리를 쓰다듬더니 "백점!" 하는 것이었다.

자신에게 정직한 것이 얼마나 어려운지 모른다. 다른 사람들에게 정직한 것은 훨씬 쉽다.

How desperately difficult it is to be honest with oneself. It is much easier to be honest with other people.

- 에드워드 프레더릭 벤슨(Edward Frederic Benson, 소설가)

그날부터 나는 공부를 잘하는 아이로 돌변했다. 체육, 음악, 미술을 뺀 나머지 과목은 다 잘했다. 초등학교 3~4학년에는 학년 전체 1등을 했고, 5학년 때는 아마 5등 안에 들었던 것 같다. 그런 식으로 중학교 2학년까지 공부를 잘하다가 빌어먹을 긍정적 사고에 관한 책을 읽고 나서 인생이 꼬여버린 것이다(과학적 증거를 댈 수 없다는 점에서 핑계일 수도 있지만, 나는 그렇게 생각한다).

여기서 주의할 점이 있다. 그것은 노력을 자신의 본업무에 집중해야 한다는 것이다. 나의 초등학교 친구 S는 집안이 가난해서 단 한 번도 새 책으로 공부해본 적이 없었다. 그런데도 동네에 소문이 날 만큼 공부를 잘해서 초일류 중학교에 합격했다. 하지만 입학금을 낼 형편이 안됐다. 그 소식을 들은 국회의원이 고등학교를 졸업할 때까지 학비를 대주기로 약속했고, 정말 6년간 그 약속을 지켰다.

S는 고등학교를 졸업한 뒤 대한민국 수재들만 간다는 명문대학 물리학과에 들어갔고, 졸업 후에는 미국으로 유학을 갔다. 이때도 교수들이 돈을 모아 비행기 표를 마련해주었다.

박사 자격시험은 보통 필수과목을 다 이수하고 입학한 지 1년 반이나 2년이 지나서 친다. 그런데 S는 학교에 도착하자마자 자격시험을 치르겠다고 고집을 부렸다. 두 번 떨어지면 쫓겨나기 때문에 되도록 미루고 싶어 하는 아주 중요한 시험이었다. S가하도 졸라대니 학과장이 떨어질 경우의 위험성을 경고하고 시험을 보게 했다. S는 이번에도 단번에 합격했다.

교수는 세계적인 물리학자들이 모인 연구소에 갈 때는 꼭 S를 데려갔다. S는 박사학위를 받고 연구소에 취직했다. 그런데 그 다음부터가 문제였다. S가 인문학에 관심을 가지기 시작한 것이다. 그는 도스토옙스키의 작품을 원어로 읽고 싶어서 러시아어를 배웠고, 괴테의 작품을 읽고 싶어서 독일어를 다시 공부했다. 나아가 철학에도 관심을 기울였다.

그렇게 30여 년이 지난 지금, 그는 더 이상 물리학 연구를 하지 않는다. 그 대신 젊은 과학자들을 돕는 일을 하고 있다. 인문학에 관심을 기울인 것은 바람직했지만, 자신의 전공이 아닌 다른 분야에 에너지를 더 쏟은 결과 물리학자로서는 더 이상 성장하지 못하게 된 것이다.

기준점 편향은 우리 삶의 거의 모든 부분에 영향을 미친다. 예

역사와 문화에는 흐름이라는 것이 있다. 그 흐름은 인간의 생각에 뿌리를 받고 자양분을 취한다. 인간은 정신의 내면적 생활 면에서 각자의 특성을 가진다. 즉, 어떤 정신세계에 들어가 있느냐에 따라 행동이 달라진다.

There is a flow to history and culture. This flow is rooted and has its wellspring in the thoughts of people. People are unique in the inner life of the mind - what they are in their thought - world determines how they act.

- 프란시스 쉐퍼(Francis Schaeffer, 기독교 철학자)

를 들어보자.

당신은 아이들이 몇 살이 되어야 데이트를 허락하겠는가? 아이들은 자기 친구들은 열네 살부터 데이트를 한다고 주장하지만, 당신이 어렸을 땐 적어도 열여섯 살은 돼야 데이트를 할 수 있다고 들었다. 기준점 편향 때문에 당신은 아이들이 열여섯이 될 때까지 데이트를 허용하지 않을 것이다.

당신은 몇 살까지 살 것으로 예상하는가? 부모님이 장수했다면 당신도 자연스럽게 장수하리라 예상할 것이다. 그런데 당신은 불량식품을 자주 먹고 운동도 안 하는 반면, 부모님은 건강식을 하고 매우 활동적이었다. 기준점 편향으로 인해 당신은 그런 점을 간과할 수도 있다.

아이들의 TV 시청 시간은 하루에 얼마나 되어야 할까? 당신이 어려서 TV를 아주 많이 시청했다면 당신은 어쩌면 아이들이 하루 종일 TV 앞에 앉아 있어도 상관하지 않을 것이다.

만성통증 환자가 의사를 찾아왔다. 무슨 병 때문일까? 기준점 편향이 환자를 진단하는 의사의 능력에 영향을 미칠 수 있다. 환자의 증상에 대한 최초의 느낌으로 기준점 편향이 생성되고, 그로 인해 진단이 내려질 수 있는 것이다.

모든 인간은 기준점 편향적이다. 능력이 있으면 기준점을 높게 잡아도 문제가 없겠지만 그렇지 않다면 감당할 수 없는 스트레스로 좌절하게 된다. 기준점이 높으면 스트레스의 수준도 그만큼 높아진다. 따라서 기준점은 자신의 능력에 따라 정해야 한다.

긍정적 사고는 기준점을 자신의 능력보다 과도하게 높이 책정하도록 유도한다. 모든 절차와 노력을 뛰어넘을 수 있을 것으로 착각하기 때문이다. 자신에게는 별다른 어려움이 없을 것이라는 안정화 편향 때문이다.

하지만 현실에 충실한 사람들은 기준점을 높게 잡지 못한다. 자신의 능력으로 도달할 수 있는 목표 수준을 알고, 미래에 예상치 못한 일이 발생한다는 것을 알기 때문이다.

나는 자기 계발서를 믿지 않는 사람이다.

I'm not a great believer in self-help.

- 대니얼 카너먼(Daniel Kahneman, 심리학자/경제학자)

보고 싶은 것만 보고 믿고 싶은 것만 믿다간 벼랑 끝으로 몰린다

당신은 결코 번민에서 멀리 도망갈 수 없다. 그것에서 완전히 벗어날 만큼 먼 거리는 존재하지 않는다.

You can't run away from trouble. There ain't no place that far.

- 조엘 챈들러 해리스(Joel Chandler Harris, 소설가)

타조는 겁을 먹거나 위험에 처하면 머리를 모래에 처박는다. 위험이 보이지 않으면 위험이 존재하지 않는 것으로 믿기 때문이다. 2003년, 이스라엘 히브리대학교의 댄 갈라이(Dan Galai) 교수와 올리 사드(Orly Sade) 박사는 명백한 금융 위기 상황에서 투자자들이 일부러 자신이 투자한 종목의 시세를 확인하지 않고 문제가 없는 것 같은 태도를 취하는 것을 보고 타조 효과(The

Ostrich Effect)라는 용어를 만들어냈다.

문제를 보고 싶지 않고 믿고 싶지 않다고 해서 문제가 사라지는 것은 아니다. 이는 부정적인 면을 보지 말고 긍정적인 면만을 보고 생각하라는 소망적 사고, 긍정적 사고 주창자들의 말과는 완전 배치된다.

나는 하나님의 축복으로 사업에 성공하도록 운명 지어졌다는 믿음에서 스포츠용품 대리점을 개설했다가 8개월 만에 문을 닫았다고 앞에서 이야기했다. 그 당시 나는 다른 사람들은 다 망해도 나는 안 망할 줄 알았다. 믿고 싶은 것만 믿다가 망한 케이스다. 그런데 가게를 다른 사람에게 양도하는 것도 문제였다. 내가 가게를 계약하기 전에는 그 가게를 탐내는 사람들이 아주 많은 것 같았는데, 사실은 전혀 그렇지 않았다. 가게를 내놓았는데 인수하겠다고 나서는 사람이 없어서 가게 셔터를 내리고도 임대료를 꼬박꼬박 내야 할 형편이었다.

그래서 무가지 신문에 광고를 내니 기획부동산 중개업소에서 연락이 왔다. 일간지에 광고를 실으면 보통 일주일 안에 가게

나는 문제가 발생한 뒤가 아니라 그 이전에 신경을 써야 한다고 생각한다.

I think the real challenge is for people to pay attention before something happens, rather than afterwards.

- 하워드 쿤로이더(Howard Kunreuther, 경영학자)

가 나간다면서 광고료를 보내라고 했다. 그런 식으로 그들에게 400~500만 원 정도를 뜯겼지만 상황은 달라지지 않았다. 결국 임대료도 내지 못한 채 자포자기의 심정에 빠졌다.

몇 개월 뒤, 가게가 있는 동네에서 아주 멀리 떨어진 중개업소에서 연락이 왔다. 나는 거기에 가게를 내놓은 적이 없었다. 얼른 가보니 30대 초반의 청년과 형으로 보이는 사람이 앉아 있었다. 청년은 커피숍을 열 생각이라고 했고, 그의 형은 나의 아버지가 그랬듯이 아주 못마땅한 표정을 짓고 있었다. 동생이 계속 가게를 고집하자 형은 "네 마음대로 해!" 하며 돈뭉치를 내던지고 나가버렸고, 나는 청년과 계약을 맺었다. 하지만 잔금을 받을 때까지는 마음을 놓을 수 없었다. 2개월 뒤 최종 계약이 완료되어 가게 열쇠를 청년에게 넘겨주고 돌아올 때는 정말 하늘을 날 것 같은 기분이었다.

그로부터 약 9개월 뒤, 나는 궁금한 마음에 그 가게를 찾아갔다. 그곳에는 김밥집이 들어서 있었다. 청년도 형의 말을 듣지 않고 시장조사 없이 무리하게 일을 벌였다가 실패를 맛보았던

진실은 그 진실을 소화하는 우리의 능력에 따라 변할 수 있는 것이 아니다.

The truth does not change according to our ability to stomach it.

- 플래너리 오코너(Flannery O'Connor, 소설가)

것이다.

갈라이 교수와 사드 박사는 사람들이 신용카드 고지서와 연체 통지서, 개인적인 투자에 영향을 주는 시가 변동 등 마음을 불편하게 하는 정보를 의도적으로 피하려 한다는 것을 발견했다. 또 다른 연구에서는 체중감량 프로그램의 참가자들 중 20%는 실제로 체중을 재지 않았다는 것이 밝혀졌다.

이처럼 사람들은 자신을 불안하게 하거나 불쾌하게 만드는 정보를 보고 들으려 하지 않는다. 그 정보를 수용하면 더 많이 생각하고 더 많이 일해야 하기 때문이다.

타조 효과는 일반 서민들뿐만 아니라 지식이나 정보가 많거나 중요한 직책에 있는 사람 또는 조직에서도 자주 일어난다. 어떤 기업이 엄청난 기술을 개발했다는 정보를 듣고 정부기관, 금융권에서 근무하는 사람들이 더 알아보지도 않고 투자했다가 날렸다는 소식을 일 년에 서너 번 정도는 듣는다. 너무 똑똑해서 빈틈이라고는 없어 보이는 여성 방송인이 미국 명문대학원 출

내가 나 자신에게 말하는 이유는 나만이 내가 인정하는 대답을 내놓기 때문이다.

The reason I talk to myself is because I'm the only one whose answers I accept.

- 조지 칼린(George Carlin, 코미디언)

신의 유명 증권사 간부라는 남자와 결혼을 했다. 그런데 나중에 알고 보니 남편은 대학을 나오지 않았을 뿐 아니라 직장도 듣던 것과는 전혀 달랐다. 그녀는 이혼을 선택했다.

지금은 인터넷이 보급돼 허위 학력을 내밀었다간 금방 들통이 나지만, 35년 전만 해도 그런 종류의 사기가 심심치 않게 일어났다. 박사를 받고 서울의 한 대학에 막 부임했던 내 친구도 그런 이야기를 들려주었다.

"우리 대학 대학원장이 외국으로 도망갔어. 미국에서 받았다는 박사학위증이 가짜래. 부산에 있는 대학 다니다가 중퇴했대."

이 충격적인 소식은 언론에 보도되지 않고 그냥 묻혔다. 이것은 대학이 사람을 채용할 때 사실확인이라는 절차를 밟지 않아서 벌어진 사건이었다.

미국에서 하버드대학교와 쌍벽을 이루는 명문 스탠포드대학교에서 단기간에 학사와 석사를 받았다는 가수 타블로의 학력이 가짜라고 주장했던 사람들이 있다. 나는 타블로의 정신이 이상하지 않은 한, 사실이 아니라면 스탠포드 출신이라고 말할 수 없을 것이라고 생각했다. 아주 쉽게 확인이 가능하기 때문이다. 결과적으로 타블로의 말은 사실이었다. 하지만 타블로의 학력이 가짜라고 믿었던 사람들은 그 사실을 쉽게 받아들이지 않았다. 타조 효과라는 병에 단단히 걸린 케이스였다.

보이스 피싱을 경고하는 기사가 그렇게 많이 쏟아져도 여전히 희생자가 나온다. 이를 단속하고 벌을 내려야 하는 경찰, 판사와 검사들까지 보이스 피싱 전화를 받고는 아무 생각 없이 송금을 했다고 한다. 이들 역시 사실을 확인하는 수고를 하고 싶지 않았기 때문이다. '내가 누군데 설마 당하겠어' 했겠지만, 상대는 바로 그 사실을 역으로 이용한 것이다.

한 변호사에게서 들은 이야기다. 미국의 최고 명문 대학에서 MBA를 마치고 억대 연봉을 받으며 증권가에서 일하던 청년이 호텔 라운지 바에서 술을 마시다가 한 미녀와 눈이 마주쳤다. 청년은 '저런 여자가 애인이었으면 소원이 없겠다'고 생각했지만 용기가 없어서 망설이고 있었는데, 다행히 여자 쪽에서 먼저 말을 걸어왔다.

몇 시간 동안 대화를 나눈 뒤, 여자가 제의했다.

"우리 정식으로 사귀어요. 그전에 먼저 우리 서로의 신상을 확실히 하죠. 방을 하나 잡으세요."

나의 걱정은 사람들이 잠재적 위험에 대한 필수적 분석 없이 즉각적으로 상황에 반응한다는 것이다.

Our concern is that, to a large extent, we react to situations at the moment without necessarily doing an analysis of all of the possible dangers.

- 로버트 메이어(Robert Meyer, 경영학자)

그래서 둘은 호텔방으로 올라갔다. 그런데 청년이 문을 열려 할 때 여자가 갑자기 비명을 지르는 게 아닌가. 그 소리에 호텔 직원들이 달려왔다.

“이 사람이 날 성폭행하려고 했어요. 강제로 방에 집어넣으려 했다고요.”

그 뒤 청년은 이 사건이 해결되기까지 지옥 같은 1년을 보냈다. 경찰서와 검찰에서 조사를 받아야 했고, 변호사비가 수천만 원이나 들었으며, 회사에서 쫓겨날까 봐 두려움에 떨었다. 여자의 미모에 홀린 대가치고는 너무 큰 희생이었다.

눈을 확 잡아끄는 사람을 보면 접근하기 전에 잠시 숨을 고를 필요가 있다. 그 사람에 대한 정보를 더 얻고 나서 접근해도 늦지 않다. 마찬가지로 마음에 꼭 드는 부동산이 나오더라도 성급하면 안 된다. 너무 좋은 물건이라 망설이다가는 다른 사람이 채 간다는 말을 들어도 별로 마음에 없는 것처럼 시간을 끌며 최대한 정보를 얻어야 한다.

타조 효과는 공포를 회피하게 해서 우리를 더욱더 구렁텅이로

나는 항상 나 자신에게 거짓말을 한다. 나는 절대 나 자신을 믿지 않는다.

I lie to myself all the time. But I never believe me.

- S. E. 힌튼(S. E. Hinton, 작가)

끌고 간다.

한 청년이 아내를 데리고 미국의 명문 공대 대학원으로 유학을 갔다. 약 반년이 흐른 뒤, 청년의 아내가 한국에 있는 친구에게 전화를 걸어 막 울면서 하소연을 했다. 남편이 미국에 도착해서 새로운 분위기에 흥분되어 여기저기 돌아다니느라 공부를 안 했는데, 어느 날 느닷없이 교수가 '내일 시험을 본다'고 하더라는 것이다. 통계학 시험 준비도 벼락치기 공부로는 힘든데, 공대라면 말해서 무엇 하랴!

그래서 그다음 날 학교를 안 갔다. 0점을 받은 것이다. 청년은 자신에 대한 교수의 시선이 무서워 다음 수업에도 결석했다. 그랬더니 더욱더 학교 가기가 무서워졌다. 청년은 결국 세상에 다 알려진 그 유명 대학원에 입학한 지 6개월 만에 스스로 그만두었다. 그는 체면 때문에 귀국하지도 못하고, 부모를 졸라 그곳에 구멍가게를 열었다.

유학을 가는 청년들에게 조언하고 싶다. 시험을 봐서 0점을

진실은 소설보다 비논리적이다. 소설은 확률을 고려하지만 진실은 그렇지 않다.

Truth is stranger than fiction, but it is because Fiction is obliged to stick to possibilities; Truth isn't.

- 마크 트웨인(Mark Twain, 작가)

받아도, 교수와 친구들이 무시해도 수업은 반드시 출석해야 한다. 공부는 못해도 정직하고 무섭도록 성실하면 교수가 불쌍히 여겨 어떻게든 기회를 주려 할 것이다. 물론 칼같이 규칙대로 처리하는 교수들도 있다. 내가 관찰하기론, 아무리 공부를 못해도 수업에 안 빠지고 내주는 숙제를 꼬박꼬박하면서 발버둥을 치면 어떻게든 학위는 받는다.

타조 효과는 나라 차원에서도 발생한다.

1941년 말, 미국 FBI로 한 정보가 입수되었다. 하와이 주재 일본 영사가 일본에 보낸 전문에 진주만 미 해군기지의 동태가 적혀 있다는 것이었다. FBI는 그 정보를 즉시 국방부에 알렸지만 국방부는 별다른 대책을 세우지 않았다. 일본에서 활동하던 미국 선교사도 일본이 미국을 칠 준비를 하고 있다고 알려왔지만 이 역시 귓등으로 흘려버렸다.

고종 때의 실질적인 권력자 흥선대원군이 쇄국정책을 편 것은 민란이 일어나는 등 국내 상황이 복잡하고 어려운 가운데 다

진실. 사람은 정면으로 진실을 마주하기보다는 뜨거운 철판으로 앞을 가린다.

The truth. Men will blind themselves with hot irons, rather than face it.

- 데이비드 겜멜(David Gemmel, 작가)

른 나라와 문물을 교환하면 문제가 더 악화될 것을 염려했기 때문이다. 하지만 쇄국정책은 그의 기대와는 달리 나라가 더 크게 망가지는 데 결정적 역할을 했다. 흥선대원군과 권력 다툼을 벌였던 명성왕후는 나라 안팎의 어려움이 해결되기를 바라며 툭하면 무당을 불러 굿판을 벌였다. 이로 인해 국고가 상당히 낭비되었지만, 어려움은 날로 커져갔다.

2011년 3월 11일에 발생한 일본 후쿠시마 원자력발전소 사고의 직접적인 원인은 진도 9.0의 지진이 일으킨 해일이었다. 이로 인해 전력이 끊기면서 원자로 노심에서 발생하는 열을 낮추지 못해 결국 발전소가 폭발하고 말았다. 조사 결과 사고 이전부터 여러 차례 심각한 사고가 있었지만 이를 축소하거나 숨겼다는 사실이 드러났다. 이와 같은 사실이 진작 알려져 공론화되었다면 후쿠시마 사건이 일어나지 않았거나 최소한 피해 규모는 줄일 수 있었을 것이다.

요즘에는 전 세계적으로 국민의 불만을 잠재우기 위한 포퓰리즘 정책이 남발되고 있다. 그로 인해 후대가 고생하게 된다는

많은 사람이 언론을 믿기 때문에 죽는다.

Many a man has gotten himself killed by believing his own press.

- 빌 윌링햄(Bill Willingham, 작가)

경고에는 정부도 국민도 눈을 감는다. 지금 당장 무사히 넘길 수 있다면 그것으로 좋다는 것이다.

타조 효과를 극복한 사례가 15년 전쯤 한 TV 프로그램에서 방영된 적이 있다.

한 남자가 조폭 사채업자에게 거금을 빌렸다가 갚지 못하게 되자 몸을 숨겼다. 위기에 몰린 사람들은 대부분 이런 식으로 잠수를 탄다. 남자가 사라지자 그의 가족뿐만 아니라 친척들까지 조폭들의 협박에 시달렸다.

남자는 양심의 가책을 느꼈다. 숨어 있어도 불안감은 커져만 갔다. 이럴 바에야 그들에게 맞아 죽자는 생각이 들었다. 그는 조폭을 찾아가서 앞으로 잘 갚겠다고 약속했다. 그랬더니 일단은 불안감이 사라졌고 조폭들이 무섭지 않았다. 남자는 그것만으로도 살 것 같았다.

이 문제가 당신 세대가 아닌 미래 세대에 위험을 안겨준다는 점을 생각하라. 이 문제가 나의 자녀들과 손자 세대에 어떤 영향을 미칠 것이라 생각하는가?

Think about the fact that it isn't just yourselves, but there's future generations at stake. What is this going to do to my children and my great-grandchildren?

- 하워드 쿤로이더(Howard Kunreuther, 경영학자)

그는 공사현장 잡역부, 음식점 배달, 신문배달 등 직종을 가리지 않고 열심히 일했다. 그리고 돈이 들어올 때마다 무조건 절반을 떼어 조폭들에게 가져갔다. 조폭들이 짜증을 내면서 모았다가 한꺼번에 갚으라고 해도 남자는 매일 가져다주었다.

그런 식으로 몇 년이 흘렀다. 그날도 남자는 돈을 갚기 위해 조폭 사무실을 찾았다. 그런데 평소 거친 언사를 쓰던 보스가 갑자기 예의를 갖추며 말했다.

"선생님, 이제 그만 오십시오. 선생님은 저에게 더 이상 빚이 없습니다. 그동안 수고하셨습니다."

당신의 생각에 너무 충성하지 마라.
당신의 생각은 당신에게 충성을 바치지 않는다.

Don't be so loyal to your mind; the mind is not loyal to You.

- 버트 맥코이(Bert McCoy, 예술가)

진실의 예측 불허성을 항상 고려해야 한다.

One must always account for the vagaries of truth.

– 벳시 콘웰(Betsy Cornwell, 작가)

Part 3

궁정적 망상에서 탈출해야 산다

부정적 사고는
반드시 필요하다

성공하려면 부정적 사고를 활용해야 한다. 사고라면 어떤 종류라도 소중히 여겨야 한다.

Use your negative thinking to succeed, and value all aspects of your thinking.

- 롤리 대스칼(Lolly Daskal, 기업인)

긍정주의 주창자들은 삼성의 이병철·이건희, 현대의 정주영이 긍정적 사고를 했기 때문에 그만큼 성공할 수 있었다고 말한다. 하지만 이들이 항상 긍정적으로만 생각한 것은 아니다. 사실 긍정적 사고만 하는 사람이 있을 리 없고, 부정적 사고만 하는 사람도 있을 수 없다. 절대적으로 긍정적 사고만 해야 한다는 주장은 종교적 교리가 아니고서는 성립하지 않는다.

긍정적 사고와 부정적 사고는 항상 붙어 다닌다. 상황에 따라 한쪽 비율이 높아졌다가 낮아지기를 반복할 뿐이다. 우리에게는 긍정적 사고가 더 필요할 때가 있고, 부정적 사고가 더 필요할 때가 있다.

그런데 한쪽의 비율이 항상 확연하게 높으면 문제가 될 수 있다. 성공한 사람들은 이것을 잘 조절할 줄 안다. 삼성그룹이 지금은 반도체로 먹고살지만, 1980년대 초반 이건희가 아버지 이병철 회장에게 반도체 사업 이야기를 꺼냈을 때의 분위기는 '절대 안 된다!'였다. 언뜻 봐서는 이건희가 긍정적 사고만 믿고 밀어붙여 성공한 것처럼 보인다. 세계적인 전문가들이 한국에서는 불가능한 사업이라고 만류했다는 점에서 이건희의 긍정적 사고로 삼성이 세계 최대의 반도체 기업으로 성장하지 않았느냐고 반문할 사람도 있을 것이다.

하지만 이건희는 반도체는 전문가들만큼 몰랐어도 삼성의 능

대중 심리학은 우리에게 긍정적 사고를 하면 결코 잘못될 일이 없다고 말한다. 하지만 새로운 연구 결과에 따르면 성공하기 위해서는 장애요인을 반드시 고려해야 한다는 것이다.

Pop psychology tells us we can't go wrong with positive thinking. But new studies show that taking account of our obstacles is essential to success.

- 크리스찬 자렛(Christian Jarrett, 심리학자)

력에 대해서는 훨씬 잘 알고 있었다. 반면 반도체 전문가들은 반도체는 잘 알았지만 삼성에 대해서는 잘 몰랐다. 당시에 다음 세 가지 시험을 봤다면 이건희가 가장 높은 점수를 받았을 것이다.

- 반도체에 대한 전문성
- 삼성에 대한 정보력
- 미래 환경 변화에 대한 예측력

그런데 막상 반도체 사업이 정상 궤도에 오른 이후 이건희는 긍정적인 말보다는 부정적인 말을 더 많이 했다.

"마누라와 자식만 빼고 다 바꿔라!"
"삼성, 이대로 가다간 다 망한다."
"이대로 가다간 우리나라는 2류 국가 수준에도 끼지 못한다."

이건희는 부정적 사고로 삼성이라는 배를 흔들어 직원들은 물론 자신도 괴롭혔다. 현실을 있는 그대로 파악하면서 미래를 긍정적으로만 생각지 않았던 것이다.

따지고 보면 정주영이야말로 긍정적 사고의 대명사라 할 수 있다. 그는 저돌적이고 실천적이었다. 그는 1968년 착공한 경부

고속도로 공사를 1970년에 끝낸 뒤 새로운 사업을 찾아 나섰다. 바로 조선소 건립이었다. 자금을 마련하기 위해 영국으로 날아간 정주영은 버클레이 은행을 찾아가 500원짜리 지폐에 그려진 거북선 그림을 내보이며 한국의 조선기술을 설명한 끝에 차관 승인을 받아냈다. 말 그대로 "불가능은 없다"를 실현한 것이다.

하지만 정주영이 돈이 되는 사업이라고 해서 막연히 의욕만 가지고 덤벼들었던 것은 아니다. 현실에 대한 진단, 현대그룹의 능력, 미래 환경을 종합적으로 판단해서 '가능하다'는 답이 나올 때 비로소 결정을 내렸던 것이다. 이는 당연히 부정적 사고도 많이 했다는 뜻이다.

성공한 사람들의 사고 사이클은 대체로 다음과 같이 돈다.

긍정적 사고로 현재 상황에서 가능한 사업에 도전 → 성공 → 현실에 대한 부정적 사고 → 긍정적 사고로 현재 상황에서 가능한 사업에 도전 → 성공 → 현실에 대한 부정적 사고 → ……

성공의 장애요인들을 현실적으로 고려하면 시간을 낭비하지 않고 성공하는 방법을 결정하는 데 도움이 된다.

By thinking realistically about the obstacles to success, it helps us pick challenges that we're likely to win and avoid wasting time.

- 크리스찬 자렛(Christian Jarret, 심리학자)

애플 창업자 스티브 잡스(Steve Jobs)처럼 부정적 사고를 많이 한 인물도 드물다. 그는 직원들을 칭찬하는 데 매우 인색했으며, 시제품이 나오면 웬만해서는 '잘했다'는 말을 하지 않았다. 1976년, 스티브 잡스와 공동으로 애플을 창립한 스티브 워즈니악(Steve Wozniak)은 잡스를 '부정적 사고를 하는 사람'으로 단정 지었다.

요즘 들어 가장 혁신적인 기업이라는 평가를 받는 테슬라의 일론 머스크(Elon Musk) 회장도 부정적인 의견을 중요시해서 이렇게 말한다.

"부정적인 피드백을 무시하기보다는 세심한 주의를 기울여 진지하게 들어야 한다. 그럴 만한 근거가 없다면 모르되, 그 피드백에 맞춰 행동을 조절해야 한다."

정주영, 이건희, 스티브 잡스, 일론 머스크 등은 일단 성공을 거둔 뒤 더 이상 성장하려고 노력하지 않아도 현재 상태로 기업이 생존하기를 원했을 수도 있다. 인간에게는 안정화 편향성이 있기 때문이다. 인간은 어떤 꿈을 꾸고 계획을 수립할 때는 그것을 성취하기까지 얼마나 많은 장애물과 싸워야 할지, 고통은 얼마나 심할지에 대해 생각하지 않는다.

예를 들어 중요한 시험이 한 달 앞으로 다가왔는데 전혀 준비가 되지 않았다고 가정해보자. 지금부터라도 하루에 7시간씩 집중해서 공부하면 낙제는 면할 수 있다. 선배들의 말로는 10일 전부터 하루에 15시간씩 공부해도 무난히 통과할 수 있다고 한다. 그래서 나도 그렇게 하면 될 줄 알고 20일을 더 놀다가 딱 10일 전부터 공부를 시작한다.

그런데 5시간쯤 공부하면 머리가 아프고 구역질이 나서 책상에 앉아 있을 수가 없다. 또 이틀 공부하고 하루는 휴식을 해주어야만 한다. 설상가상으로 친척 어르신이 돌아가셔서 조문을 하러 가야 한다. 이렇게 되면 계획이 틀어진다. 목표의 절반도 채우지 못하고 시험장에 가야 하는 신세다. 진작 '내 체력으로는 선배들처럼 공부할 수 없을 것이다', '공부보다 더 급한 일이 생길 가능성이 있다'는 식으로 부정적 사고를 작동해서 미리 공부했어야 한다.

사실 자신의 미래를 부정적으로 바라보기는 쉽지 않다. 심리적 고통과 육체적 고통을 감수해야 하기 때문이다. 조직의 리더일 경우는 더욱더 그렇다. 정치사상가 마키아벨리(Niccolò Machiavelli)는 "변화를 추구하면 따르는 자가 없다"고 했다. 또한 제너럴일렉트릭(GE)을 세계 최고의 기업으로 성장시킨 잭 웰치(Jack Welch)도 그와 비슷한 말을 했다.

"사람들은 현상유지를 좋아한다. 당신이 변화를 꾀하면 과거가 훨씬 좋아 보이는 법이다. 리더는 조직원들의 대대적 반발을 예상하고 있어야 한다."

고통과 반발이 무서워 현실에 안주하면 특별히 피와 땀을 흘리지 않아도 미래가 안정적으로 유지될 것이라는 소망적이고 긍정적인 사고(Wishful positive thinking), 즉 긍정적 망상에 빠지게 된다.

동기부여 전문가라는 사람들이 말하는 대로 당신의 야망을 성취하고 나서 드러누워 미래의 삶을 그려보라. 그러면 그 꿈이 현실로 다가올 것이다. 완성된 시나리오가 책상에 놓여 있다고, 당신이 언론을 통해 찬사를 받는다고, 집 밖에 스포츠카가 주차되어 있다고 세밀하게 상상해보라. 그러면 힘이 솟을 것이다. 긍정적 사고의 능력으로 성공하는 것이다.

하지만 이러한 장밋빛 청사진에 먹칠을 하는 연구 결과들이 나오고 있다.

뉴욕대학교 심리학과의 가브리엘 외팅겐 교수는 목표를 이미 이룬 것처럼 상상하는 것이 역효과를 초래한다는 사실을 밝혀냈다. 목표에 대한 이미지를 긍정적으로 상상하면 초기에는 사기가 오르지만, 힘든 일을 실제로 다 끝내기나 한 것처럼 마음이 풀어지는 것이 문제다. 성공에 대한 상상이 크면 클수록 에너지는 그만큼 더 고갈된다. 실험 참가자들이 에세이 콘테스트에서 우승하는 장면을 상상했더니 기운이 빠져서 그다음 주에 실제로 열린 콘테스트의 성과가 예상보다 훨씬 좋지 않았다는 것이다.

장밋빛 환상은 우리를 분발시키는 각성 효과를 일으키기는커녕 오히려 무기력하게 만든다. 게다가 과대망상도 일으킨다. 현재 3류 대학을 다니면서도 하버드대학에서 경제학 박사학위를 받는 긍정적 망상을 하면 자기 분수도 모르고 웬만한 취직자리는 눈에 안 들어온다. 연애를 하려 해도 하버드대학교 경제학 박사에 어울릴 만한 아가씨를 찾아야 하는데, 그런 여자를 찾기도 힘들 뿐만 아니라 설사 찾는다 해도 여자가 이 남자의 망상을 무시한다. 여자는 현실을 보고 냉정하게 남자를 평가한다. 결국 망상에 빠져 살다가 나이가 들어서야 현실에 충실하지 못했던 것을 후회해도 때는 이미 늦은 것이다.

앞에서도 이야기한 M은 자기 능력에 어울리지 않게 대통령을 꿈꾸면서 아이비리그 대학원을 다닌 전문직 여성들과만 교제하려 했다. 자신은 틀림없이 대통령이 된다는 망상을 가지고 있었던 것이다. M은 의사, 변호사 같은 전문직 여성만 소개해주길 바랐고, 간혹 그렇지 않은 여성을 소개하면 화를 냈다.

자신의 삶에서 긍정적인 것을 찾는 바보들은 널려 있지만, 부정적인 것에서 더욱 심오한 것을 찾는 사람은 매우 적다.

Any idiot can enjoy the positive things in their lives, but it is only a few that can take the negative and find something even more profound.

- 브리아나 위스트(Brianna Wiest, 작가)

사실 전문직이 아닌 여성도 M을 마음에 들어 한 것은 아니었다. 어쩌다 데이트를 하더라도 아이비리그 대학원 박사 과정에 있다는 사람의 영어 실력이 형편없었기 때문이다. 그러면 M의 정체를 의심하면서 오히려 여자 쪽에서 소개해준 사람에게 화를 내기도 했다.

이런 M에게 "현실을 직시하고 너 자신을 알라"고 충고하는 사람들도 물론 있었다. 한 음식점 주인이 "당신 그렇게 살다간 큰일 난다"고 경고했지만 쇠귀에 경 읽기였다. M은 그렇게 살다가 결국 나이 60이 넘어서도 여전히 독신으로 남았고 변변한 재산도 없다. 대학원 입학 전에 다닌 어학원 원장의 말대로 능력에 맞지 않는 공부 대신 장사를 했더라면 훨씬 나은 삶을 살았을지도 모른다. 자신의 망상을 부정하고 현실로 돌아왔어야 하는데, 그렇게 하지 않은 대가는 엄청 컸다. 이는 자신에 대해 부정적 사고를 하지 않은 대가이기도 하다.

C는 대학을 졸업하고 은행에서 일했다. 4남매의 장남이었던 그의 꿈은 현대건설 같은 대형 건설회사를 운영하는 것이었다. 비록 재벌은 아니어도 C의 집은 어마어마한 부자였다. 그는 대출금을 갚지 못해 차압한 부동산 담당으로 10년 이상 은행에서 일하며 부동산에 투자하는 법을 배웠다. C는 자신의 머리를 믿었기 때문에 아버지에게 은행을 그만두고 사업을 하고 싶다고

말했다. 하지만 아버지는 들은 척도 하지 않았다.

세월이 흘러 아버지가 돌아가시자 C는 은행을 그만두었다. 그는 더 잘살게 해주겠다고 어머니와 동생들을 회유해 집안의 재산을 모두 자신이 임의대로 처분할 수 있게 돌려놓았다. 가족들도 어려서부터 똑똑했던 그를 전적으로 신뢰했다. C는 은행 동료들의 만류에도 불구하고 부동산을 저당 잡혀 대출받은 돈으로 지방 대도시의 변두리에 아파트를 지었다.

결과는 처참했다. C의 가족은 전 재산을 잃은 채 살던 집에서 쫓겨나 뿔뿔이 흩어졌다. 어머니는 여동생들과 친척들의 집을 전전했고, 남동생은 고시원으로 들어갈 수밖에 없었다. C는 자기 머리를 의심하지 않은 실책으로 조상 대대로 물려받은 모든 것을 잃고 말았다.

부정적 사고를 하지 않으면 사업을 시작할 때 더 알아볼 생각을 하지 않고 서두르다 손해를 보게 된다. 나도 '난 지리산 산골짜기에 가게를 내도 성공하게 돼 있어' 하는 생각으로 가게를 열었다가 실패를 경험했다.

나의 지인 O는 경기도 북부 지역에 살았다. 매일 서울로 출근하면서 한가한 길가에 홀로 떡하니 버티고 있는 커다란 문방구를 보면 이상하다는 생각이 들었다. 걸어서 그 앞을 지나가는 사람이 한 시간에 열 명도 안 되어 보였기 때문이다. 어떻게 그런 데서 장사를 하는지 궁금했는데, 그 문방구의 문은 O가 처음 본 날로부터 5년이 넘게 열려 있었다(그 문방구는 내가 마지막으로 본 2018년 10월에도 여전히 운영 중이었다).

O는 '저런 문방구도 살아남는데, 학교 근처에서 문방구를 열면 먹고사는 데는 지장이 없겠다'고 생각했다. 그래서 문구 도매상을 찾아가 계획을 이야기했고, 도매상 주인은 물품 단가가 낮고 일이 고되기는 해도 문방구는 주인이 가게만 지키면 망하고 싶어도 망할 수 없는 사업이라고 부채질했다. 그 말에 용기를 얻은 O는 매물로 나와 있던 초등학교 근방의 문방구를 인수하게 되었다.

하지만 현실은 그의 예상과 너무 달랐다. 직장에 다닐 때보다 수입이 훨씬 적은 데다 육체적으로도 너무 힘들었다. 다시 회사에 취직하는 게 더 낫겠다 싶어 결국 2년 만에 문을 닫고 말았다. O는 장사를 그만두기 직전 그 한적한 문방구를 찾아가 주인에게 어떻게 운영하는지에 대해 물었다. 주인은 매출의 99%가 인터넷 주문을 통해 이루어진다고 대답했다.

부정적 사고는 최악의 상황이 일어날 수 있다고 경고하고, 그 때의 충격을 고려해 미래를 설계하도록 유도한다. 긍정적 시나리오는 이미 목표가 이루어지기나 한 것처럼 우리를 태만하고

전통적 지혜는 목표를 달성하고 싶으면 긍정적으로 생각하라고 말한다. 프레젠테이션을 완벽하게 해서 청중의 에너지를 빨아들이는 장면을 상상하라고 한다. 취업 면접을 아주 잘 치르는 모습을 상상하고, 합격 통지를 받고 희열에 찬 모습을 그려보라고 주문한다. 매우 그럴듯한 전략이지만 부작용도 많다. 실패했을 때의 원인에 초점을 맞출 때 더 성공적인 경우가 많다.

If you want to achieve a major goal, conventional wisdom says to think positive. Picture yourself delivering the perfect presentation, and absorb the energy of the audience. Envision the ideal job interview, and imagine yourself on cloud nine when you get the offer. Although these strategies sound compelling, it turns out that they often backfire. Many of us are more successful when we focus on the reasons that we're likely to fail.

- 애덤 그랜트(Adam Grant, 작가/대학교수)

교만한 방향으로 유도하지만, 부정적 시나리오는 그런 상황에 빠지지 않기 위해 우리가 최선을 다하도록 유도한다.

미국에 사는 한국 청년이 대학 동창들과 함께 은행과 카드사로부터 최대한 돈을 빌려 회사를 차렸다. 다음 달부터 돈을 갚아 나가야 하는 절체절명의 위기의 순간 이를 악물고 일했더니 회사가 상당한 규모로 성장해 있었다고 한다. '다음 달부터 돈을 갚지 않으면 큰일 난다'는 부정적 사고가 긴장감을 높였고, 그래서 더 열심히 노력한 결과 긍정적 성과를 얻어낸 것이다.

극한의 부정적 사고는 사람을 주눅 들게 하기도 하지만 반대로 담대하게 만들기도 한다. 기원전 480년, 페르시아의 20만 대군이 그리스로 쳐들어갔다. 그리스 장군 테미스토클레스에게는 스파르타 용사 300명뿐이었다. 이들은 다 죽을 수밖에 없다는 것을 알면서도 페르시아군이 반드시 통과해야 하는 테르모필레 협로를 막고 용맹하게 싸우다 모두 전사했다.

그들은 현실을 객관적·합리적으로 냉정하게 분석한 결과 일말의 생존 가능성이 없다는 부정적 판단을 내렸다. 그리고 그 판단에 따라 최후의 일인까지 싸우다 죽는 것 외에 다른 방안은 없다는 결론에 도달했던 것이다.

현실은 작은 것들로 이루어진다

갓 태어난 아기와 현명한 사람들이 그러하듯 모든 것은 작게 시작한다.

For the newborn and wise, everything begins small.

- 수지 카셈(Suzy Kassem, 작가)

긍정적 사고는 나의 게으름에 가장 큰 영향을 미쳤다. 한 번에 많은 일을 기적적으로 해낼 수 있다는 망상을 내 머리에 심어주었기 때문이다. 열심히 노력하는 사람들은 긍정적 사고로 더 높이 비상하기도 하지만, 사실 노력하는 사람들은 올바른 길로만 들어서면 긍정적 사고의 도움 없이도 성공할 수 있다. 오히려 긍정적 사고로 분수에 맞지 않게 과한 목표를 설정했다가 좌절하기도 한다. 긍정적 사고는 작은 것보다는 큰 것, 작은 목표보다는 창대한 목표를 설정하도록 유도한다. 하지만 내가 근 70여 년을 살아보니 매사에 작고 사소한 것을 소홀히 하지 않고, 목표를 정해도 아주 낮게 정하는 것이 더 행복한 삶의 지름길이라는 생각이 든다.

내가 스포츠용품 장사를 하면서 가장 불쾌했던 것은 구입해서 사용한 물건을 교환해달라거나 반품하겠다고 가져올 때였다. 평균적으로 10개를 팔면 1개 정도 그런 일이 생겼다. 물건을 사 간 사람이 가게 문을 열고 들어오면 나도 모르게 긴장이 되었다. 장사가 잘되는 가게라면 덜하겠지만 그러지 못할 때는 물건 하나를 팔기 위해 온 정성을 쏟는다. 그렇게 판 물건을 마음에 안 든다고 다시 들고 오면 장사하고 싶은 의욕이 싹 사라졌다.

회사에서 잘못 만든 상품으로 낙인찍은 옷이나 운동화를 팔 때는 기분이 좋으면서도 한편으로는 걱정이 됐다. 반품률이 아주 높았기 때문이다. 가게 문을 열고 두 달쯤 되었을 때 고급스런 흰색 트레이닝복 열 벌이 들어왔다. 한 벌 가격이 무려 15만

내 몸은 작다. 하지만 내 목소리는 크고, 음식을 먹을 때 입을 크게 벌려서 많이 베어 물 수 있다. 그래서 매우 강하다.

I may look small, but my bark AND my bite is BIG. - STRONG.

- 카일린 고우(Kailin Gow, 작가)

원이었다. 두 달 동안 세 벌을 팔았는데, 두 벌이 반품되었다. 쉽게 변색이 되었기 때문이다(옆 동네 대리점에서는 40여 벌을 팔았는데, 절반이 반품되었다). 그래서 이런 물건을 팔 때는 반품에 대비해서 가격을 깎아주지도 않고 사은품을 끼워주지도 않아야 손해가 적다.

장사를 하면서 운동화를 무려 일곱 번이나 교환해준 적도 있다. 나중에는 "당신네 회사가 물건을 불량으로 만들었다. 그걸 교환하느라 차를 몰고 당신네 가게를 여섯 번이나 갔다 왔으니 이번에는 당신이 직접 들고 와라"고 해서 동생이 그 집에 가져다주기까지 했다.

사실 반품이나 교환을 상습적으로 하는 사람들이 있다. 나중에 그 사실을 알고 난 뒤에는 네 번 이상 교환하러 오면 그냥 환불을 해주었다. 오죽하면 물건을 사 가는 손님의 뒤통수에 대고 속으로 '제발 저 물건 때문에 되돌아오는 일은 없을지어다!' 하고 외쳤겠는가. 구멍가게도 이런데 대기업을 운영하는 사람들의 속은 어떨까 싶다.

작은 것에 정성을 다하는 사람에게서는 문제가 발견되지 않는다.

I have no problem with anyone being precise about small things.

- 스티븐 자일리안(Steven Zaillian, 시나리오작가)

그 뒤로 깨달은 바가 있었다. 반품이나 교환도 성과리는 것이다. 사소하면서도 짜증나는 일이지만 반드시 처리해야 할 문제라면 더 적극적으로 대처해서 빨리 해결하는 것이 좋다는 판단이 들었다.

한번은 아침 7시경(나는 눈만 뜨면 가게로 달려갔기 때문에 새벽 5시에 문을 열기도 했다) 근처 대형병원에 입원 중인 여섯 살쯤 된 여자아이가 환자복을 입은 채 엄마 손을 잡고 가게로 들어왔다. 빡빡머리인 것으로 봐서 난치병을 앓는 아이 같았다. 와서 아동용 양말을 찾는데, 가게에는 그렇게 작은 사이즈가 없었다. 엄마는 성인 여자의 발에나 맞는 양말을 손에 들었다. 가격은 1,500원. 몇 년을 신어도 웬만해서는 구멍이 안 나는 품질 좋은 양말이었다.

모녀의 경제 사정이 아주 안 좋다는 것이 직감적으로 느껴졌다. 내가 조금 있으면 다른 가게들이 문을 여니 그때 아이에게 맞는 양말을 사라고 해도 아이 엄마는 그냥 돈을 내고 양말을 가져갔다. 10분쯤 뒤에 화장실에 갈 때 보니 그 모녀가 30여 미터쯤 떨어진 건물 계단에 앉아 있었다. 아이가 양말을 신고 있는데, 너무 커서 도저히 걸어 다니지 못할 것 같았다.

'저 아이 엄마는 잠시 뒤 양말을 들고 와서 환불을 요구할지 몰라. 아니, 그냥 버릴지도 모르지.'

그런 생각이 들면서 모녀가 불쌍해 보였다. 나는 두 사람에게 다가갔다.

"제가 뭐라고 그랬어요? 안 맞는다고 했잖아요. 그냥 돌려주세요."

"포장 비닐을 다 떼어버렸는데, 미안해서 어쩌죠? 사장님 손해 보시는 거 아니에요?"

"회사에 반품하면 됩니다. 이렇게 큰 양말을 신고 다니다가 넘어지면 안 되죠."

나는 아이 발에서 양말을 벗겨서 가게로 가지고 돌아왔다. 그러고는 엄마 손에 1,500원을 쥐어주었다.

나는 그렇게 문제를 해결했다. 양말을 반품할지 모른다고 신경 쓰지 않아도 되고, 가난한 사람에게 쓸모없는 양말을 팔았다는 양심의 가책을 느낄 필요도 없어졌기 때문이다.

내가 알고 지내던 어느 권사는 어금니 임플란트 수술을 받은 뒤 통증이 계속된다며 치과를 찾아가 생떼를 써서 수술비 150만

나는 현실과 동떨어진 멍청하면서도 스케일이 크기만 한 영화를 보지 않는다. 나는 현실적인 사람들이 등장하는 작은 영화를 좋아한다.

I don't go see big, silly movies. I like small things about regular folks, you know.

- 바비 카나베일(Bobby Cannavale, 배우)

원을 환불받았다. 그리고 다른 치과에서 다시 수술을 받았는데, 거기서도 수술을 잘못했다고 우겨서 또 환불을 받았다. 세 번째 치과를 찾아갔더니 거기에서는 서울대학교 치과병원으로 가보라고 했다. 그래서 좀 멀리 떨어진 치과를 갔더니 거기에서는 또 연세대학교 치과병원에 가보라고 했다.

그 권사는 "요즘 치과의사들 다 돌팔이라니까요" 하며 내게 이야기를 했는데, 그 지역의 치과병원 사이에서 자신이 요주의 환자로 올라 있다는 것은 몰랐을 것이다. 치과의사들의 입장에서는 이런 환자의 경우 손해를 보더라도 요구대로 해주는 게 피해를 최소화하는 방법일 것이다.

현재 내 직업은 원고를 쓰는 일이다. 이 일에서도 가장 기분 나쁜 것은 글 교환이나 반품이다.

"이런 부분이 납득이 안 되니까 고쳐주세요."

"죄송합니다만 우리가 말씀드린 주제에서 벗어난 것 같아요. 사장님께서 원고를 보시고 없었던 일로 하라고 하셔서 계약금은 반환을 해주셔야……."

이런 연락을 받으면 가슴이 철렁 내려앉는다. 그런데 사실 작가는 그런 연락이 오기 전에 이미 그 상황을 예상하고 불안에 떤다. 작가 스스로 그 원고에 성실하지 못했다는 것을 알기 때문이다. 평소에 게으르게 지내다가 원고 마감일이 촉박해지면

질보다는 양에 더 신경을 쓴다. 그러니 좋은 원고가 나올 리 없다. 가난한 작가들은 당장 하는 일이 있어도 다른 의뢰가 들어오면 계약금이 탐나서 덥석 받아들이기 십상이다. 그러고는 초능력을 발휘해서 다 써낼 수 있다는 긍정적인 주문을 외기 시작한다. 내 경험상 그런 주문이 통했던 적은 단 한 번도 없다.

출판사가 좋아하는 작가가 되는 방법은 단순하다. 스스로 찜찜해하지 않을 만큼 글을 쓰면 된다. 볼일 보고 밑을 닦지 않은 것처럼 찜찜하고 미숙하다는 느낌이 들면 영락없이 편집자가 그것을 지적한다. 원고를 출판사에 넘기기 전에 책과는 아무 상관도 없는 과일 가게 아줌마에게 보여줘도 그것을 지적한다.

그렇다면 어떻게 해야 스스로 깔끔하다는 느낌이 들 정도로 글을 쓸 수 있을까? 정성을 더 기울이면 된다. 미뤄두었다가 마감이 닥쳐서야 몰아서 글을 쓰지 말고, 매일매일 시간이 날 때마다 글을 쓰면 된다. 25년 전에는 일주일 만에 원고지 1천 장을 채웠으니 지금도 가능하다는 생각은 버려야 한다.

그리고 동시에 두 가지 이상의 원고를 써서도 안 된다. 능력에는 한계가 있어서 그렇게 할 수 없다. 한 번에 하나의 원고에만 집중하려면 그 원고가 끝날 때까지 버틸 만큼의 돈이 있어야 하고, 그러려면 평소에 성실히 일해야 한다.

나는 한 번에 세 개의 원고를 쓴 적이 있다. 출판사에 사기를 친 셈이다. 죄책감이 들고 가슴이 조마조마했다. 새벽마다 "나는 할 수 있다"고 외쳤지만, 4시간쯤 일을 하면 지쳐 나가떨어졌다. 출판사에 일한다는 것을 보여주기 위해 억지로 분량을 늘리다 보면 편집자에게서 계약해지 통지가 날아들었다.

긍정적 사고는 좋은 글을 정해진 시간 안에 생산하는 데는 아무런 도움을 주지 못했다. 긍정적 사고라는 것이 아예 없었다면 의지할 데라고는 내 노력밖에 없다는 것을 알고 더 성실하게 글을 썼을 것이다. 성실하게 글을 쓴다는 것은 1,500원짜리 양말을 반품해주었을 때처럼 작은 일에도 짜증을 내지 않고 양심에 따라 조금 더 정성을 기울여 쓴다는 것을 뜻한다.

바위에 글을 새기듯 쓰면 출판사의 원망을 들을 일도 없다. 글자 하나, 단어 하나를 소홀히 하지 않으면 불만의 소리도 사라진다. 이런 자세로 일할 때는 구태여 긍정적 사고를 끌어들일 필요가 없다. 나는 때로 지극히 현실적인 사람이 되곤 했는데, 그때 쓴 원고를 출판사에 보내면 대개는 "고생하셨어요, 선생

작은 것이 큰 것을 이길 방법이 있다. 보잘것없는 언론이 왕국을 전복시킬 수 있는 것처럼 말이다.

Small things have a way of overmastering the great. This small press can destroy a kingdom.

- 소냐 레비엔(Sonya Levien, 시나리오작가)

님" 하는 인사가 돌아왔다.

나는 100여 년 전에 지어진 구옥에 산다. 툭하면 기와가 깨져 물이 새는 바람에 기와를 걷어내고 강판 지붕을 얹는 공사를 업자에게 맡겼다. 공사 후 다시 물이 새서 A/S를 부탁했더니 와서 손을 봐주었다. 그래도 물이 새서 다시 보수를 부탁하니 돈을 더 달라고 했다. 5번 넘게 전화를 해도 요지부동이었다.

할 수 없이 공사라면 종류를 가리지 않고 다 맡아 하는 동네 노인에게 부탁했는데, 70대 노인이 지붕에 올라가서 1시간 정도 있다가 내려온 뒤로는 물이 새지 않았다. 업자가 한쪽 모서리 부분을 제대로 마무리하지 않았던 것이다.

노인은 수고비로 2만 원만 달라고 했는데, 나는 3만 원에 막걸리 한 병까지 챙겨 드렸다. 노인은 수리 요청이 얼마나 많이 들어오는지 예약하고 일주일쯤 지나야 겨우 얼굴을 볼 수 있다. 수고비보다 더 많은 일을 해주기 때문이다.

세계에서 가장 오래된 기업은 서기 593년 일본 오사카에 세워진 콩고구미다. 백제인 유중광이 586년 쇼토쿠태자의 초청으로 일본에 건너가 일본의 대표적 사찰인 시텐노사를 지은 뒤 설립한 사찰 건물 전문기업으로 무려 1,400여 년의 역사를 자랑한다. 비록 2006년에 파산해서 다른 기업에 흡수되기는 했지만

작은 생명체일수록 용감한 영혼을 갖고 있다.

The smaller the creature, the bolder its spirit.

- 수지 카셈(Suzy Kassem, 작가)

지금도 운영 중이다.

콩고구미는 길고 긴 세월 동안 축적한 기술로 고객이 보지 못하는 부분에까지 정성을 다하는 것으로 유명하다. 고객은 자신이 전혀 신경 쓰지 않아서 몰랐던 부분까지 세밀하게 처리해주는 것에 감동한다.

세계에서 두 번째로 오래된 기업(705년 설립, 여관), 세 번째로 오래된 기업(717년 설립, 여관), 네 번째로 오래된 기업(717년 설립, 여관)도 모두 일본에 있다. 수백 년에 걸쳐 구축된 기술과 노하우, 세밀한 곳에까지 신경을 쓰는 정신이 지금의 일본을 만들었다. 30여 년 전부터 일본이 경제 불황에서 벗어나지 못하는 것 하나만 보고 일본을 낮게 평가하는 사람들이 있다. 이것은 수면 밖으로 고개를 내민 작은 얼음의 크기가 바로 빙산의 크기라고 속단하는 것과 다를 바 없다. 어쨌든 일본의 경제규모는 세계 3위다.

콩고구미는 오랜 세월 동안 얼마나 많은 고객 불만을 접수했을까? A/S는 얼마나 많이 해주었을까? 18세기에 작성된 콩고무미의 경영 원칙에는 다음과 같은 지시 사항이 적혀 있다.

– 항상 상식을 사용하라.

– 핵심 사업에 집중하라.

– 종업원들에게 장기 고용을 보장하라.

– 일과 가정의 균형을 유지하라.

– 고객의 말을 경청하고 그들을 존경하라.

– 가장 저렴하고 정직한 견적을 제출하라.

– 술은 적당히 마셔라.

이것을 보면 콩고구미가 사소한 부분을 상당히 중요하게 생각했다는 것을 알 수 있다. 모두 현실과 관련된 것이지 미래에 대한 긍정적 플랜은 하나도 없다.

현실적인 것은 사소해 보인다. 사소한 것들은 손발을 놀려야 해결된다. 바위에 글을 새기듯 고생을 해야 끝나는 것들이다. 사소한 일을 하다 보면 긍정적 사고를 할 틈이 없어진다. 그래서 콩고구미는 1,400년이 지나도록 살아남아 움직이고 있는 것이다.

일본인을 만나보면 대체로 겸손하다. 꿈도 작다. 우리 젊은이들은 속내를 비추진 않아도 세계적인 경제학자, 세계적인 재벌,

우리가 걱정하는 것은 큰 것이 아니라 작은 것들이다.

We never worry about the big things, just the small things.

– 트래비스 바커(Travis Barker, 작곡가)

대정치가, 서울대학교 총장, 대형병원 원장 같은 것을 많이 꿈꾼다. 하지만 일본 젊은이들은 자신이 하고 싶은 것을 할 정도의 경제력만 유지하면 좋다고 한다. 그들은 자신이 할 수 있는 작은 부분을 파고 들어가는 것을 좋아한다. 그 외의 부분은 다른 사람들에게 맡기고 관심을 가지지 않는다. 황당한 꿈을 꾸는 사람이 상대적으로 적다는 말이다. 그래서 일할 때 순서를 건너뛰지 않는다. 벽돌을 쌓듯 차곡차곡 일을 진행하다 보니 그만의 노하우가 생긴다. 바로 이것이 30여 년 동안 경제 불황을 겪으면서도 여전히 세계 3위의 경제력을 유지하는 비결이다.

직원이 몇 명뿐인 일본의 작은 공장에서 손으로 만드는 부품이 없으면 우주선을 띄울 수 없고, 반도체 기계를 조립할 수 없으며, 최신형 전투기를 만들 수 없다. 이것은 일본인이 현실 속의 작은 것들을 중시한 결과다. 일본에서 10년 이상 살고 있는 한 여성이 나에게 이런 말을 해주었다.

"한국 사람과 일본 사람은 이렇게 다른 것 같아요. 평평한 벌판에 한국 사람과 일본 사람이 서 있어요. 거기서부턴 아주 험해서 잘못 들어갔다간 죽을 수도 있는 땅이 펼쳐져 있죠. 그런데 그 험한 땅에 농구 골대가 설치돼 있어요. 거리는 두 사람이 서 있는 곳에서부터 30미터쯤 되고요. 공을 1천 개씩 던져 골대에 더 많이 넣는 쪽이 이기는 게임을 한다고 쳐요. 그럼 한국 사람은 그 자리에 선 채로 그냥 공을 던져요. 반면에 일본 사람은 그 험한 땅에 발을 들이밀고는 조심조심 골대 앞으로 접근해요. 골대 앞에 최대한 바짝 붙어서 공을 던질 생각인 거죠."

다시 말해서 한국 사람은 "공아, 들어가라!" 하면서 공을 던진다는 것이고, 일본 사람은 거리를 좁혀 골 확률을 높인 다음에 공을 던진다는 말이다.

다음은 작은 것을 소홀히 하다가 낭패 본 대표적 사례들이다.

1800년대 초반에는 오일 채굴이 아주 느리게 진행되는 고된 과정이었다. 1858년 세네카 오일사는 에드윈 드레이크(Edwin Drake)를 연봉 1천 달러에 고용해서 펜실베이니아 주의 타이터스빌에 유전이 있는지 탐사하게 했다. 드레이크는 지하에 매장된 소금을 캐낼 때 사용하는 방법으로 땅을 뚫었다. 자갈층을 통과할 때 구멍이 무너졌다.

동료들은 절망했지만 드레이크는 달랐다. 그는 길이 3미터의 드라이브 파이프(Drive pipe)를 연결해서 구멍에 삽입하는 방법

적보다 훨씬 약한 사람은 자신의 약점을 일절 드러내지 않는다.

Since he was much weaker than his enemy, he could afford to display no weakness at all.

- 마이클 돕스(Michael Dobbs, 정치가/작가)

으로 바위 바닥까지 닿게 했다. 그런 다음 파이프 구멍을 통해 드릴 공구를 집어넣고, 스팀으로 그 공구들을 작동시키는 방법으로 오일을 오염 없이 채굴하는 데 성공했다. 하지만 드레이크는 그 공법에 대한 특허를 신청하지 않았고, 다른 사람들은 그가 완성한 공법으로 오일을 채굴해서 큰돈을 벌었다. 드레이크는 가난하게 살다가 죽었다.

1999년 록히드마틴사가 미국 항공우주국 나사(NASA)의 의뢰를 받고 개발해 화성에 쏘아올린 궤도선이 실종됐다. 원인을 규명한 결과 록히드마틴사의 엔지니어들은 영국식 측정법을 사용한 반면, NASA에서는 미터법을 사용했기 때문에 벌어진 일로 밝혀졌다. 이 단순한 실수로 1억 3천만 달러를 들여 만든 우주선이 오작동을 일으켜 우주 속으로 사라진 것이다. 록히드마틴사는 NASA의 프로젝트를 맡을 때는 반드시 미터법을 사용해야 한다는 조항이 있었는데도 이를 확인하지 않아 큰 실수를 저질렀다.

2006년, 이탈리아의 항공사 알이탈리아는 토론토발 사이프러스행 비즈니스 클래스 항공료를 39달러(원래 가격은 3,900달러)에 판매한다고 인터넷 웹사이트에 잘못 공시했다. 순식간에 2천여 좌석이 팔려 나갔고, 실수를 알아챈 알이탈리아에서는 판매 취소를 고려했으나 포기했다. 항공사는 이 일로 약 800만 달러의 손해를 입었다.

2003년, 일본의 미즈호 증권은 J:Com의 주식을 1주당 61만 엔에 팔기를 원했다. 하지만 증권거래인이 그만 1주당 1엔의 가격으로 61만 주를 파는 것으로 잘못 입력했다. 미즈호 증권은 실수를 알아채고 거래 중단을 요구했지만 증권시장은 계속해서 증권을 팔았다. 이로 인해 미즈호 증권은 약 1억 8천500만 달러의 손해를 입었다.

1976년 4월 1일, 애플은 스티브 잡스, 스티브 워즈니악, 로널드 웨인에 의해 창립되었다. 하지만 11일 뒤, 애플의 장래에 회의적이었던 로널드 웨인은 애플 주식을 800달러에 팔았다. 그가 만일 그 주식을 지금도 소유하고 있다면 약 300억 달러에 달할 것이다.

2009년, 영국인 제임스 하웰은 자신의 하드드라이브에 7천500개의 비트코인을 모았다. 하지만 그 잠재적 가치를 전혀 예측하지 못한 그는 하드드라이브에 음료수를 쏟자 드라이브를 쓰레기통에 그냥 버렸다. 그가 버린 비트코인은 2013년 화폐가치로 380만 파운드(480만 달러)에 달했다. 비트코인의 가치를 알게 된 그가 쓰레기 처리장을 찾았지만 헛수고였다.

현실을 중시하다 보면 망상을 덜 품게 되고, 좀 더 과학적이고

인간은 현실을 감당해내지 못한다.

Humankind cannot bear very much reality.

- T. S. 엘리엇(T. S. Eliot, 극작가)

합리적인 자세를 취하게 된다. 긍정적 사고에 의존하면 현실과 동떨어진 망상을 품게 되고, 미신적인 주문에 빠지게 된다. 하지만 '지금의 현실'은 '과거의 현실'의 연장이고 '미래의 현실'의 토대다. 긍정적 망상은 결코 '지금의 현실'도 '미래의 현실'도 될 수 없다.

내 경험상 현실에서 지금 당장 손발을 움직여 아주 사소한 것을 해결해야 내일이 편하다. 긍정적 사고는 그것을 피하거나 미루고 싶은 사람들을 잡아 삼킨다.

공부 잘하는 사람은 긍정적 망상을 품지 않는다

안락은 당신의 적이다.

Comfort is your enemy.

- 소니아 톰슨(Sonia Thompson, 칼럼니스트)

나는 공부를 심하게 안 하는 스타일이었지만, 때로는 이러다간 인생 망치겠다는 걱정이 들곤 했다. 그럴 때마다 앞에서 이야기했던 친구 S가 생각났다. 나는 "하루에 수학문제집 5쪽을 푼다"는 식으로 목표를 세웠지만, S는 계획을 세우지 않고 시간이 날 때마다 공부를 했다. 학교에서 쉬는 시간에 다른 아이들은 장난을 치거나 아무것도 하지 않고 책상에 엎드려서 잠을 잤지만, 그는 그 짧은 10분 동안 책을 봤다.

S는 집에 돌아가서도 저녁을 먹을 때까지 공부를 했다. 그리고 밥을 먹고 나서는 밖에 나가 친구들과 놀았다. 다 놀고 집에 돌아와서는 몸을 씻고 다시 책을 보다가 잠들었다. 늘 이런 식으로 공부했는데, 시험 기간이라고 해서 더 공부하지는 않았다. 오히려 시험 때 나를 찾아와 놀러 가자고 귀찮게 굴기도 했다. 하지만 과외 공부를 하는 아이들도 그를 따라잡지 못했다.

특히 수학에서는 경쟁자가 없었다. 대한민국 수재들만 모인다는 일류 중학교에서도 독보적이었다. 그렇다고 S가 특별한 책을 가지고 공부한 것은 아니었다. 그는 헌책방에서 산 교과서와 선배에게 얻은 참고서 하나만 봤을 뿐이다. 물론 남다른 점이 있기는 했다. 남들은 모르는 문제가 나오면 나중에 다시 풀기로 하고 다른 문제로 넘어가는데 S는 다 풀릴 때까지 그 문제만 쳐다봤다. 그래서 며칠 만에 한 문제를 풀기도 했다.

선생님도 수학 문제라면 귀신같이 푸는 S를 신기해했다. 그래서 '이건 못 풀겠지' 하는 문제를 칠판에 적고 풀어보라고 하면,

어둠속에 엄청난 빛을 쐬어 대낮처럼 만든다 해서 그 어둠을 알 수 있는 것은 아니다.

You can't study the darkness by flooding it with light.

- 에드워드 애비(Edward Abbey, 작가)

S는 늘 풀어내곤 했다. 선생님은 '어디서 저런 괴물이 나왔나' 하는 표정을 지었다.

내가 통계학을 재수강할 때의 일이다. 이번 교수는 지난번에 통계학을 가르쳤던 교수보다 훨씬 까다로웠다. 미국 디트로이트에 사는 주민들의 만족감을 컴퓨터로 분석한 리포트 3개를 한 달 간격으로 하나씩 제출하라는 과제가 떨어졌다. 그때까지 컴퓨터를 단 한 번도 본 적 없었던 나는 당연히 통계분석 프로그램도 사용할 줄 몰랐다(PC가 본격적으로 보급되기 전이어서 메인 컴퓨터를 사용했다). 친구들에게 물어봐도 잘 가르쳐주지 않았다. 조교에게 물어봤지만 "그건 네가 알아서 해결해야 한다"면서 도와주지 않았다.

그때 S가 공부하던 모습이 떠올랐다. 나는 녀석을 흉내 내기로 했다. 오기가 생겨 한번 질기게 버텨보자 했다. 아침 6시에 학교에 가서 거의 하루 종일 컴퓨터실에 있었다. 통계 프로그램

근면은 그저 일을 할 때까지 책상 앞에 앉아 있는 것이다. 당신의 일과 공부에 최선을 다해야 한다.

Assiduity, it means sit down until you do it. Commit yourself to your work and study.

- 루카스 레머스왈(Lucas Remmerswaal, 작가)

에 관한 책을 도서관에서 빌려 와 들여다보며 시도해봤지만, 남들은 쉽게 얻어내는 결과가 나오지 않았다. 어째서 나만 안 되는지 너무 고민스러웠다. 마지막 3번째 리포트 마감일이 일주일 앞으로 다가왔는데 나는 첫 번째 리포트도 완성하지 못한 상태였다. 절망감이 몰려왔다.

하루는 컴퓨터 사이언스 박사 과정 중이던 한국 학생이 내게 다가와 물었다.

"뭘 하는데 맨날 여기 있어요?"

"이걸 붙들고 석 달째 이러고 있습니다. 아무리 해도 결과가 안 나와요."

"그래요?"

그는 내가 짠 포맷을 꼼꼼히 살펴보더니 한쪽을 가리켰다.

"여기가 좀 어색한데요? ','가 왜 이 줄에 있어야 하는지……. 이걸 빼고 다시 돌려보시죠."

나는 그의 말대로 ','를 빼고 엔터키를 눌렀다. 그러고는 좍좍 소리를 내며 출력되는 종이를 들여다봤다. 내가 바라던 결과였다. 이렇게 쉬운 것을 왜 그렇게 고생했단 말인가!

그렇게 해서 일주일 만에 3개 과제를 완성해서 제출할 수 있었다. 내가 낙제할 것으로 생각했던 교수도 아주 좋아했다. 다른 학생들이 과제를 하기 위해 컴퓨터실을 이용한 시간은 총 10

준비하는 데 노력을 쏟으면 쏟을수록
그만큼 더 좋은 성과를 더 쉽게 얻을 수 있다.

Tougher preparation makes better performance easier.

- 콘스탄스 프라이데이 일리아스(Constance Friday Elias, 강연자)

시간도 안 될 것이다. 나는 그들보다 50배 이상의 시간을 썼다.

다음 학기에도 컴퓨터를 사용하는 강의를 들었는데, 그때부터는 내가 앞서 나갔다. 나도 모르게 내공이 쌓인 것이다. 교수도 나를 '위저드(도사)'라고 불렀다. 그렇게 끈질기게 달라붙으니 다른 수업도 재미있었다. S처럼 느리면서도 꾸준히 공부한 결과였다. 책을 읽을 때 이해가 되지 않으면 다음 페이지로 넘어가지 않았고, 중요한 부분은 베껴 썼다. 그렇게 10시간 정도 공부하면 7쪽 정도밖에 진도가 나가지 않았다. 중간고사가 다가왔다. 암기한 부분은 하나도 없었지만 별로 걱정되지 않았다. 결과는 A^+였다.

학기말 시험 때는 좀 빨리 책을 읽었다. 중간고사 준비에 50시간을 투자했다면 학기말 시험 때는 30시간 정도만 투자했다. 그래도 다 이해가 되는 것 같았다. 시험 답도 중간고사 때보다 더 잘 쓴 것 같았다. 이번에도 A^+가 나올 것이라 예상했는데, 결과는 의외로 B^+였다. 공부 시간이 그전의 60% 정도로 줄었기 때문이었다. 나는 느리면서도 꾸준한 공부가 얼마나 막강한 힘을 발휘하는지 다른 공부를 통해서도 실감할 수 있었다.

미국의 심리학자 에이브러햄 매슬로(Abraham H. Maslow)의 저서 《동기와 성격(Motivation and Personality)》을 1년에 걸쳐 두

번 필사한 적이 있다. 문장 하나하나를 다 이해하고 나서 느리게 또박또박 썼다. 그랬더니 암기는 하지 않았어도 그 내용이 10년이 넘도록 머리에 남았다.

또 다른 강의에서는 경영학 책을 3번 필사하는 과정에서 몇 개의 연구 프로젝트 아이디어가 떠올랐다. 프레젠테이션 시간에 그 아이디어를 제시했더니 교수는 "놀랍고 흥미로운 프로젝트다. 한번 해봐라!" 하고 칭찬해주었다. 느리면서도 꾸준한 공부는 아주 재미있었다. 한 줄이라도 더 읽고 싶었고, 또 종이에 쓰고 싶었다.

자연스레 공부하는 시간이 많아졌다. 아침에 눈을 뜨면 더 읽고 싶어 도서관으로 달려갔다. 하루에 최소 5시간, 보통 10시간 정도 공부를 했다. 하지만 집에 있으면 공부가 안됐다. 툭하면 야구 중계를 봤다. 학생들은 되도록 도서관을 이용하는 것이 좋다. 하루 24시간 중 10시간 이상을 도서관에서 보낸 학생들은

당신의 안락지대는 당신을 자기 망상 속에 가두는 곳이다. 그곳에선 아무것도 성장하지 못한다. 당신이 스스로 생각하여 그 안락지대에서 탈출해야만 당신의 잠재력이 힘을 발휘한다.

Your comfort zone is a place where you keep yourself in a self-illusion and nothing can grow there but your potentiality can grow only when you can think and grow out of that zone.

- 라시두르 라이언 라만(Rashedur Ryan Rahman, 명상가)

거의 다 박사학위를 받았다. 이에 반해 집에서 공부한나는 학생의 상당수가 중간에 그만두었다. 나도 거기에 포함된다.

도서관에서 꾸준히 공부하던 내가 왜 더 이상 도서관을 가지 않았는지는 정확히 기억나지 않는다. 수술을 받기 위해 일주일간 입원했던 그때부터인지, 아니면 친구들과 어디를 놀러 갔다 온 이후인지 모르겠다.

하여튼 나는 도서관을 이용하지 않은 뒤부터는 공부를 게을리 하게 되었다. 그때부터 한동안 잊고 있던 긍정적 사고에 매달리게 되었고, 더욱 열심히 교회를 갔다. 밀린 공부를 하나님이 한 방에 해결해주실 것으로 믿었기 때문이다. 공부가 밀리면 밀릴수록 기도하고 《성경》 읽는 시간이 늘어났다. 그 때문에 공부와는 더욱더 멀어졌다.

나는 "무엇이든 기도한 것은 받은 줄로 믿으라"는 성경 말씀을 믿고 기도했다. 하지만 간절히 기도해도 박사학위는 내 것이 되지 않았다. 기도하지 않았지만 꾸준히 공부한 녀석들은 다 박

태초에 신앙적 믿음이 있었는데, 그건 유치하다. 그리고 신뢰가 있었는데, 그건 허사다. 그리고 망상이 있었는데, 그건 위험하다.

In the beginning there was faith - which is childish; trust - which is vain; and illusion - which is dangerous.

- 엘리 비젤(Elie Wiesel, 작가)

사학위를 받았다. 이로써 공부를 하지 않으면 아무리 기도해도 박사학위를 받을 수 없다는 것이 증명된 셈이다.

그제야 다시 공부에 열심을 내려 했지만 때는 이미 늦었다. 아이가 태어나 돈을 벌어야 했기 때문이다. 나는 공부를 하지 않았는데도 하나님의 일을 열심히 했더니 시험 볼 때 모르는 문제의 정답이 떠오르더라는 간증을 믿었던 것을 후회했다.

학생들은 벼락치기 공부를 해선 안 된다. 그날 할 공부는 반드시 그날 다 마치는 습관을 들여야 한다. 잡념이 많은 사람은 베껴 쓰는 것도 좋다. 그러면 하루에 10시간을 공부해도 지루하지 않다. 직접 해보면 내 말이 맞는지 틀리는지 알 수 있다. 글을 베껴 쓰면 눈으로만 볼 때보다 5배는 더 깊이 이해되고 또 오래 머리에 남았다. 그리고 응용력까지 생겼다. 눈으로만 책을 읽는 것이 땅을 10센티미터 깊이로 파는 것이라면 쓰면서 읽는 것은 1미터 깊이로 파는 것이라고 생각한다.

대학교 1학년 여름방학 때 《민법총칙》을 한 번 읽었다. 한자가 많이 나왔다. 한자라고는 내 이름 정도만 쓸 줄 알았기 때문에 책을 읽는 것이 고역이었다. 무슨 생각에서였는지 옥편을 뒤져서 뜻을 찾아 종이에 쓰면서 석 달 동안 한 번을 읽었다. 그런 다음에는 웬만한 한자는 알 수 있었다. 그런데 대학 졸업 후 한자를 읽고 쓰는 일에서 멀어졌더니 지금은 아주 쉬운 한자도 못

쓰게 되었다.

미국에 있을 때는 책을 몇 번 베껴 썼더니 스펠링의 귀재가 되었다. 교수나 미국 학생들보다 오히려 내 스펠링이 더 정확했다. 말도 잘 알아듣지 못하면서 그런 능력을 보이자 모두들 신기한 눈치였다. 하지만 지금은 아주 쉬운 단어도 헷갈린다. 수십 권의 영어책을 번역하고, 여러 회사의 문서를 한국어로 번역하는 일을 해온 내가 중학교 1, 2학년 수준의 영어 단어를 잘 쓰지 못한다고 하면 이해되지 않겠지만 사실인데 어쩌랴. 눈으로 아무리 많이 봐도 손으로 써보지 않으면 잘 기억하지 못한다.

한국인이 미국에서 변호사를 해도 영화 속 장면처럼 법정에서 검사와 공방을 벌일 만큼 자유롭게 영어를 구사하는 사람은 그리 많지 않다. 앞에서 소개한 내 친구이자 후배인 변호사 R는 미국인 이상으로 영어를 잘하는데, 그렇다고 한국어를 못하는 것도 아니다. 한국에서 고등학교를 졸업한 지 20년이 흘렀을 때도 《용비어천가》를 줄줄 암송했다.

R는 고등학교를 졸업한 뒤 영어 회화 한마디 못하는 상태로 미국 이민을 갔다. 아버지가 중풍으로 쓰러져서 대학 가기 전 철물상에서 일하며 영어 회화를 배웠다. 그의 영어 공부법은 영화 시나리오를 달달 암기하고, 대사가 자연스럽게 들릴 때까지 반복해서 듣기였다. 70여 편의 영화 대사를 다 이해하고 들을 수

있게 되자 미국인처럼 영어를 유창하게 하게 됐다.

그는 내가 미국 사람들이 말하는 것을 잘 듣지 못하는 것을 보고 한심하게 여겼다.

"선배는 아는 단어도, 아는 문장도 말로 하면 알아듣지 못해. 다른 공부 중단하고 내가 하던 식으로 영어 공부를 하면 회화 때문에 고생 안 해. 대학원 다니는 사람의 영어가 그게 뭐야?"

나는 그때 후배가 권하는 대로 몇 개월 동안 하루 종일 영화만 보며 대사를 듣고 외는 짓을 했어야 한다. 한국으로 돌아와 어느 회사의 문서를 번역하고 있었는데, 그 회사에서는 내가 영어 회화도 잘하는 줄 알고 외국에서 바이어가 오면 통역을 좀 해달라고 했다. 난 기겁하면서 회화를 잘 못한다고 이실직고했다. 좋은 기회를 내 발로 차버린 것이다.

국내 명문대학의 예술학부에 미국인 교수가 방문한 적이 있다. 학장은 국내에서만 공부한 사람이었다. 학장은 미국에서 공부한 교수들에게 학교에 남아 있다가 미국인 교수를 같이 만나 달라고 부탁했다. 그랬더니 한 사람만 남고 모두 도망갔다. 그런데 학장이 보기에는 그 교수도 영어가 신통치 않은 것 같았다. 그래서 학장이 쉬운 단어를 적당히 늘어놓는 식으로 이야기를 했더니 미국인 교수도 수준에 맞게 쉬운 말로 대답해주어 그럭저럭 대화를 나눌 수 있었다.

뛰어난 문장을 쓸 수 있을 정도가 되려면 좋은 문장을 쓰면서 암기하는 수밖에 없다. 미국 사람들이 말하는 것을 잘 들으려면 영화나 드라마 대사를 알아들을 때까지 반복해서 듣는 수밖에 없다. 한문에 능통하고 싶다면 한문을 읽고 쓰는 수밖에 없다. 수학을 잘하고 싶다면 시간을 들여 원리를 완전히 이해할 때까지 붙들고 늘어지는 수밖에 없다. 건성건성 넘어가면 아무것도 건지지 못한다.

나는 머리가 좋으니까 남들보다 빨리 공부를 끝낼 수 있다는 망상에 젖었다가는 인생을 망치기 십상이다. 내가 바로 그런 사람이다. 하나님의 도움으로 공부를 잘할 수 있다고 기대하다가는 공부로 성공하기 힘들어진다. 내가 바로 그런 사람이다.

지금 할 일을 지금 하지 않는 일이 계속되면 한 번에 다 할 수 있다는 긍정적 망상을 찾게 된다. 현실에서 도피하고 싶기 때문이다. 긍정적 망상이 종교적 믿음과 결합되면 사태는 수습할 수 없게 된다. 그런 식으로 현실을 피하다가는 그야말로 지옥으로 떨어진다.

모든 문제는 정신에서 일어난 망상이다.

All problems are illusions of the mind.

- 에크하르트 톨레(Eckhart Tolle, 작가)

공부로 성공하고 싶다면 기도보다는 공부에 훨씬 더 노력을 기울여야 한다. 본업인 공부보다 종교 활동에 더 시간을 사용할 경우 할 일을 하지 않은 데 대한 두려움을 신에게 맡겨 기적적으로 해결되기를 바라는 요행심이 생기기 때문이다. 내 경험상 신은 세상일을 제대로 하지 않는 인간을 몹시 싫어하신다.

공부는 신을 아는 것보다 중요하다.

Study is more important than knowing God.

- 칼리드 마수드(Khalid Masood, 작가)

더 부자가 되고, 더 크게 성공하려는 꿈을 꾸다간 거지 된다

망상은 망상이다. 그 망상의 이면에는 항상 현실이 도사리고 있다.

Because an illusion is an illusion. Reality always exists despite the facade.

- 카시 웨스트(Kasie West, 작가)

어른들은 젊은이들에게 꿈을 크게 가지라고 말한다. 심지어 나이를 꽤 먹은 사람들도 꿈을 가져야 한다고 한다. 식당 사업으로 쫄딱 망했다가 66세의 나이에 켄터키 프라이드 치킨(KFC)을 설립한 할랜드 샌더스 같은 사람의 예를 들면서 자기 분수에 맞게 별 탈 없이 사는 사람들의 가슴에 불을 지른다. 단언하건대 그 말을 무턱대고 믿고 현재의 삶에서 벗어나다가는 99% 쪽박을 차게 된다.

대기업에서 일하던 사람이 책을 출판해 베스트셀러가 되었다. 6개월 만에 연봉의 몇 배나 되는 인세가 들어오고 강연 요청이 쏟아졌다. 그는 과감히 직장을 때려치우고 직접 출판사를 차려 자신이 쓴 책들을 냈지만 다 털어먹고 빚까지 진 뒤 사라졌다. 그냥 직장에 다녔다면 안정적인 생활을 유지했을 것이다.

낯선 환경에 들어갔다가 주변 인물들과 환경에 차츰 익숙해지면 그것들이 그리 대단해 보이지 않고 다른 곳이 더 나아 보이는 법이다. 그래서 막상 다른 곳으로 자리를 옮기면 그제야 전에 있던 곳이 더 좋았다는 것을 깨닫게 된다.

몇 년 전에 만났던 한 사람이 바로 그랬다. 그는 한국 최고의 기업에 다녔는데, 업무량이 너무 많아 스트레스에 시달렸다. 남들이 부러워하는 그 직장이 그에게는 그리 대단해 보이지 않았다. 그는 수입은 좀 적더라도 마음 편하게 일하고 싶다면서 학원으로 자리를 옮겼다. 하지만 그곳에서의 스트레스는 더 심했다. 그때 책을 워낙 좋아하던 그가 생각해낸 것이 출판사 창업

가까운 장래에 더 나은 곳에 도달한다는 것은 망상이다.

Arriving someplace more desirable at some future time is an illusion.

- 존 카밧진(Jon Kabat-Zinn, 의학자)

이었다. 출판업은 성공 가능성이 매우 낮은 업종에 속한다. 하지만 그는 자신의 독서량이 보통 사람들보다는 몇 배나 많기 때문에 원고를 선별하는 능력도 그들보다 나을 것이라 자신했다. 그는 3년을 버티다가 결국 출판업을 접었다.

내가 중·고등학교에 다닐 때는 자신이 재직 중인 학교를 비난하는 선생님들이 참 많았다.

"이 학교는 재단이 글러 먹었어."

"교장이나 교감이나 재단이사장의 노예 같은 놈들이야. 학교를 발전시킬 생각은 하지 않고 권력층의 눈에 들려고만 해."

"너희들 이런 학교에 있다간 3류 인생 못 면한다. 다른 학교로 편입해 가라."

중학교 2학년 때 담임 선생님은 맨날 그렇게 불평불만을 늘어놓더니 수학 박사학위를 받아 교수가 되겠다며 학교를 그만두고 미국으로 유학을 떠났다. 세월이 한참 흘러 내가 미국에 갔을 때 수소문해보니 그 선생님은 펜실베이니아 주에서 세탁소를 하고 있었다. 세탁소를 하는 것이 한국에서 선생 노릇 하는 것보다 나빠졌다고는 말할 수 없지만, 교수의 꿈이 어긋난 것은 분명하다.

고등학교 1학년 때 영어 선생님도 맨날 학교를 욕하더니 영문학 박사학위를 받는다며 미국으로 떠났다. 내가 미국에 있을 때 그분이 학위를 받았는지 확인해보니 그런 이름이 없었다. 또 다른 영어 선생님은 선생 월급으로는 도저히 못 살겠다며 목재 회사로 자리를 옮겼다. 나중에 소식을 들으니 거기도 그만두었다고 한다.

학교를 그렇게 비웃고 지위 높은 사람들을 얕잡아보던 선생님들 가운데 잘된 사람은 단 한 명도 없었다. 반면 고등학교 2학년 때 국어 선생님은 멍청이, 바보 같은 사람이었다. 교장이나 교감이 시키면 군소리 없이 따랐다. 선생님은 단 한 번도 학교나 다른 선생님들을 비난한 적이 없었고, 학생들은 선생님을 '머슴'이라 불렀다. 선생님의 눈에서는 '이 학교는 나한테 과분한 직장이다. 여기서 쫓겨나면 나는 죽는다'는 절박감이 서려 있었다. 내 나이가 마흔일 때 그분은 교장선생님이 되어 있었다.

미국의 한 대학 도서관 지하실에서 자판기 커피를 마시고 있는데, 한국인 남자가 다가와서 1달러짜리 지폐를 바꿔줄 동전이

대부분의 사람들은 자신의 생각을 통제할 수 있다는 망상 속에서 살고 있지만 현실은 정반대다.

Most of us live in the illusion that we control our thoughts. However, in reality, the situation is quite the opposite.

- 프렘 자기아시(Prem Jagyasi, 의사/경영인)

있느냐고 물었다. 그것이 계기가 되어 대화가 오갔다. 그는 자신이 1년 전에 정치학 박사학위를 받았다고 말했다.

내가 물었다.

"이 대학에서 가르치세요?"

"저 같은 사람이 어떻게 이런 데서 가르치겠어요? 예전에 가르치긴 했죠, 한국의 지방대학에서."

그는 일류 대학 정치학과를 수석으로 졸업하고 같은 대학에서 석사학위를 받았다. 유명한 외국 대학에서 박사학위를 받아도 교수가 되기 쉽지 않은 실정인데, 그는 곧바로 지방대학의 전임강사(전임강사부터 정식 교수 신분이다)로 임명되었다. 탁월한 실력자로 소문이 났을 뿐 아니라 인맥이 탄탄했기 때문이다.

그런데 이 사람에게는 선진국의 대학에서 박사학위를 받지 않았다는 것이 콤플렉스로 작용했다. 자신보다 실력이 없었던 친구들과 후배들이 속속 미국이나 유럽에서 박사학위를 받고 귀국해서 서울의 유명 대학이나 지방의 국립대학에 교수로 취직을 했다. 그러자 자신도 더 늦기 전에 미국에서 학위를 받아야겠다는 생각이 들었다. 그런 속내를 털어놓자 동료 교수들은 그냥 교수직을 유지하면서 다른 국내 대학에서 박사학위를 받는 것이 좋겠다고 조언했다.

하지만 그는 미국에서 박사학위를 받고 싶었다. 만약 박사 공

신이시여, 우리 속에서 나오는 어리석은 말에
귀를 기울이셔서 망상에서 우리를 건지소서!

God, listen to the absurdity within us
and raise us from the illusion!

- 소린 세린(Sorin Cerin, 철학자)

부를 마친 뒤 더 좋은 학교에 취직할 수 없으면 근무했던 대학으로 복귀하면 된다고 생각했다. 그는 결국 교수직을 사직하고 미국 대학에서 박사 과정에 진학했으며, 워낙 실력이 있어서 5년 만에 어렵지 않게 박사학위를 받았다. 그러고 나서 서울에 있는 대학에서 정치학 교수를 뽑는지 확인했는데 지원할 만한 대학이 없었다. 부산도 마찬가지였다.

그래서 예전에 근무했던 대학으로 돌아가기로 결정하고 학교 측에 의사를 전달했다. 그런데 청천벽력 같은 일이 벌어졌다. 학교 측에서 자리가 없다고 거부한 것이다.

다른 학과에서 근무하는 친구를 통해 알아보니 정치학 교수들이 모두 그의 복귀를 반대한다는 것이었다. 그는 그제야 그냥 교수로 있으면서 국내의 다른 대학에서 박사학위를 받았어야 했다고 후회했다. 대학 복귀가 좌절되자 그는 생계를 위해 주로 한인들을 대상으로 하는 미국인 변호사 사무실에서 통역도 하고 서류 번역도 했다.

나는 몇 해 전까지만 해도 구글 검색창에 그의 이름을 쳐보곤 했다. 혹시 미국이나 국내 어느 대학에서 교수로 근무하지 않을까 하는 기대감에서였다. 하지만 정치학 박사 김 아무개의 이름은 끝내 볼 수 없었다.

현재의 위치가 만족할 만한데 특별한 능력이나 준비도 없이 더 높이 오르려다가는 오히려 더 낮아지는 것이 보통이다. 백 명 중의 하나가 더 높이 오른다고 해서 따라 하다가는 현재의 위치마저 지키기 어렵다. 지금까지 살아보니 지위나 명예가 낮아지는 것은 참을 만한데 경제가 나빠지는 것은 견디기 힘들다. 즉, 돈이 그렇게 중요하다는 말이다.

현자들은 명예를 최고로 치면서 경제력은 별로 중요하지 않은 것처럼 말하지만, 나는 거기에 동의하지 않는다. 사람들이 교수가 되고 싶어 하는 것은 존중도 받으면서 꽤 많은 돈을 받기 때문이다. 만약 돈을 주지 않고 교수를 하라고 한다면 수락할 사람이 없을 것이다.

누가 나에게 "전 세계 75억 명이 다 너를 손가락질하며 욕하는 대가로 100억 원을 가질래, 아니면 온 세계가 너를 존경하는 대신 노숙자 생활을 할래?" 하고 묻는다면 나는 주저 없이 100억 원을 택할 것이다. 욕 같은 것은 얼마든지 들어도 신경을 안 쓰면 내게 아무 해가 되지 않는다. 하지만 돈이 없으면 먹지 못하고, 가스와 전기가 끊기고, 집에서 쫓겨나 거리를 배회하게 된다. 세계적인 갑부가 될 필요는 없지만, 자기 집이 있고 생활을 걱정하지 않을 정도의 저금은 반드시 있어야 한다. 일단 그 수준까지는 올라야 하고, 또 그 수준을 반드시 고수해야 한다. 그 수준이 흔들리는데 더 큰 꿈을 꾸는 것은 어리석은 일이다.

빚도 없고 생활수준이 중산층 정도라면 어느 재벌 부럽지 않다. 내가 그런 위치에 있다면 국회의원, 장관, 대통령을 하라고 해도 하지 않는다. 책임이 크고, 그래서 위험도 큰 높은 자리에 있는 것보다는 마음 편한 중간 자리가 100배 더 좋다.

나에게는 아들이 둘 있다. 나는 아들들에게 퍼시 스펜서(Percy Spencer)처럼 살라고 말한다. 스펜서는 초등학교 졸업 후 아무 지식도 없는 상태에서 독학으로 전기 기술자가 되었고, 나중에는 세계적인 과학자들의 집합체인 레이시온사에 연구원으로 들어갔다. 그러다 우연히 광전자 진공관 실험실에 들어가게 되었고, 주머니 속에 있던 사탕이 녹는다는 사실에 착안해 현대 가정의 필수품인 전자오븐을 발명했다. 당시 재정 상태가 최악이었던 레이시온사는 스펜서의 발명 덕분에 재기할 수 있었고, 지금은 최첨단 미사일이나 레이더 등을 개발하는 세계적인 군수업체로 성장했다.

명성은 사람이 다른 것들보다 중요하게 여기는 망상에 불과하다.

Fame is the illusion that one person has more value than another.

- 마티 루빈(Marty Rubin, 작가)

대단한 일을 해냈지만, 스펜서는 특별대우를 바라지 않았다. 월급을 더 많이 받은 것도 아니었다. 다른 곳에서 스카우트 제의가 많이 들어왔을 텐데도 그는 죽을 때까지 레이시온사를 떠나지 않았다.

나는 아들들에게 이렇게 말한다.

"네 20년 후배가 네 상관으로 와도 질투하지 마라. 직장을 그만두었다가 좋지 않게 되어 돈 걱정을 하는 상황에 몰리는 것보다는 잠시 굴욕을 참는 것이 1억 배 낫다. 더 좋아 보이는 직장에서 월급을 더 많이 준다고 해도 선뜻 응하지는 마라. 내가 지금까지 살아오면서 그런 직장으로 옮겼다가 오래 다니는 걸 별로 보지 못했다."

수입이 끊긴 가운데 전기나 가스를 끊으러 오고, 압류 통지서가 날아오고, 가족 중 누군가가 갑자기 쓰러져 급히 수술을 받아야 하는 상황이 온다면……. 오래전에 원수가 되어 내가 비참하게 되었다는 사실을 알면 고소해할 고등학교 동창에게까지 도움을 청하는 연락을 하게 마련이다.

당신이 품었던 망상처럼 당신의 과거에 상처를 주는 것은 없다.

Nothing leaves you more vulnerable to your past than the illusion that you've dealt with it.

- 존 버든(John Verdon, 작가)

얼마 전에 만났던 한 사업가가 내게 해준 말이다.

"며칠 전에 동창 모임에 나갔더니 오래전에 나를 음해해서 절교했던 친구가 나왔지 뭐야. 어색하게 악수를 나누며 안부를 묻고 헤어졌지. 그런데 어젯밤 그 친구가 전화를 해서는 뜬금없이 2억 원만 꿔달라는 거야. 5부 이자를 쳐주겠다고. 2억이 애들 장난이야? 그만한 돈이 내게 있을 리도 없지만, 있어도 그놈한테는 안 빌려줘. 그래서 이렇게 말했지. '넌 오랜만에 만난 친구한테 겨우 한다는 소리가 돈 꿔달라는 거냐?' 기분이 정말 더럽더군."

창피한 이야기지만, 어머니가 뇌종양으로 병원에 입원했을 때 나도 그런 적이 있다. 자서전 출판에 대해 알아보려고 나를 회사로 불러 이야기를 나눴던 모 기업 부회장에게 "죄송하지만 혹시 200만 원 정도 빌려주실 수 있나요?" 하고 문자를 보낸 것이다. 물론 문자를 보내기 전에 이런 기도를 했다.

"주님, 그 부회장에게 돈 꿔달라는 문자를 보내고 싶은 마음이 드는데, 혹시 주님이 주신 생각이라면 담대히 실행하게 해주십시오."

나는 그분에게서 반드시 긍정적인 연락이 온다고 믿으려 안간힘을 썼다. 한강에 가서 "돈을 꿔준다는 연락이 올지어다!"를 천 번 이상 외쳤지만, 아무 소식도 없었다. 아는 변호사들에게도 문자를 보냈지만 결과는 마찬가지였다. 그들이 나를 얼마나 경멸했을까?

하지만 워낙 급하다 보니 그런 것을 걱정할 겨를도 없었다. 밀린 병원비를 일부라도 지불하지 않으면 어머니가 병원에서 쫓겨날 판이었다. '내가 원하는 것은 다 이룰 수 있다'는 긍정적 사고에 대한 배신감이 들었다. 그리고 '하나님께 기도한 것은 다 이룬 줄 알라'던 목사들의 설교 내용만 믿고 현실을 떠나 긍정적 망상에 속아서 게으르게 살았던 것을 뼛속 깊이 후회했다. 살아보니, 돈은 생명 다음으로 중요했다.

내가 아는 건설업자는 20여 년 전 큰 사고를 쳤다. 그는 경찰에 체포되기 전 가장 믿을 만한 부하 직원에게 수십억 원을 맡기고 외국으로 도망을 갔다. 부하 직원은 그 돈으로 건물을 사서 임대업을 하며 그에게 매달 생활비를 보내주었다. 어느덧 10여 년이 흘러 사건이 적당히 무마되자 건설업자는 귀국을 했고, 부하 직원에게 자신이 맡긴 돈을 돌려달라고 했다. 그러자 부하 직

공허한 소리를 늘어놓는 설교자들을 경계하라.

Beware of preachers of vanity.

- 콘스탄스 프라이데이 일리아스(Contance Friday Elias, 작가)

원은 투신자살을 했다. 건설업자는 한 푼도 돌려받지 못했다.

앞에서 이야기한 성호 엄마도 비슷한 이야기를 들려줬다. 그 분의 친척이 사촌형의 이름으로 땅을 샀다고 한다. 물론 명의신탁 문서를 작성해두었다. 그 뒤 땅 주변이 개발되자 땅 주인은 사촌형에게 땅을 돌려달라고 했다. 그러자 사촌형은 목숨을 끊었고, 그 땅은 사촌형의 자손들에게 상속되었다.

이렇게 중요하면서도 무서운 것이 돈이다.

가짜 세상에서는 진짜 세상에서보다 고통이 훨씬 적다.

A fake world is a lot less painful than the real one.

- 리 워넬(Leigh Whannell, 영화배우)

기적은 없다,
현실에 목숨을 바쳐라

똥처럼 더러운 일은 발생하지만, 기적은 일어나지 않는다.

Shit happens, miracles don't.

- 모하메드 엘 아이루(Mohamed el airou, 작가)

나는 지난 50여 년간 귀에 못이 박히게 들어온 "정신력만으로 원하는 것을 다 가질 수 있다"는 말을 신뢰하지 않게 되었다. 나는 종교 활동에도 과거처럼 많은 시간을 쓰지 않는다. 전에는 매일 《성경》을 10장 정도 보고, 기도는 30분 정도 했다. 어려운 일이 생기면 기도 시간이 훨씬 늘어났다. 기도를 끝내고 나면 지쳐서 곧장 일하지 못하고 쉬어야 한다. 사실 《성경》을 읽고 기도하는 것이 나의 주 업무나 마찬가지였다. 이럴 바에야 신학교에 가서 목사나 전도사가 되어야 했던 게 아닌가 싶다.

다시 말하지만, 나는 긍정적 사고에 매료되었다가 인생을 망친 사람이다. 물론 긍정적 사고를 받아들인 사람들이 모두 나처럼 된 것은 아니다. 절망적인 상황에서 긍정적 사고로 힘을 내서 열심히 일한 결과 성공한 사람들도 없지 않다. 하지만 나처럼 요행을 바라게 되어 나태해진 사람들이 더 많다는 것이 문제다. 이에 대한 과학적 증거는 없다.

하지만 지금까지 살아오면서 관찰한 바에 따르면, 긍정적 사고를 주창하는 사람들의 대부분은 사실 망상을 꾸고 있었다. 긍정적 망상이 종교와 결합되면 종교적 망상이 된다. 그로 인한 부작용은 몇 배로 늘어난다. 이제 기독교에서도 긍정적 망상을 품는 것이 참된 믿음인 것처럼 설교했던 것을 반성하는 분위기다. 나는 긍정적 사고를 50년 이상 해왔고, 종교적 망상을 품은 세월도 거의 40여 년이 된다.

노력했는데도 실패하면 당신의 잘못이 아니다. 노력하지 않고 실패하면 그땐 당신 잘못이다.

If you try and lose then it isn't your fault. But if you don't try and we lose, then it's all your fault.

- 오슨 스콧 카드(Orson Scott Card, 소설가)

궁정적 사고로 인해 게을러졌다.
게으름은 나를 자꾸 뒤처지게 했다.
뒤처짐은 기적을 갈망하게 했다.

기적이 있는 곳이 종교, 특히 기독교였다. 하지만 이것은 엉터리로 믿은 나의 잘못이지 기독교의 책임이 아니다. 같은 교회에 다니며 같은 목사의 설교를 들었어도 자기 할 일을 하고 위기가 오기 전에 철저히 대비해서 성공하고 안정적으로 사는 이들도 얼마든지 있다. 하지만 나 같은 사람이 상당히 많다는 것이 문제다.

사실 《성경》에는 게으름을 질책하고 근면을 강조하는 말씀이 많이 나온다.

손을 게으르게 놀리는 자는 가난하게 되고 손이 부지런한 자는 부하게 되느니라 여름에 거두는 자는 지혜로운 아들이나 추수 때에 자는 자는 부끄러움을 끼치는 아들이니라 – 〈잠언〉 10장 4~5절

*

부지런한 자의 손은 사람을 다스리게 되어도 게으른 자는 부림을 받느니라 – 〈잠언〉 12장 24절

*

한 달란트 받았던 자는 와서 이르되 주인이여 당신은 굳은 사람이라

심지 않은 데서 거두고 헤치지 않은 데서 모으는 줄을 내가 알았으므로 두려워하여 나가서 당신의 달란트를 땅에 감추어 두었었나이다 보소서 당신의 것을 가지셨나이다 그 주인이 대답하여 이르되 악하고 게으른 종아 나는 심지 않은 데서 거두고 헤치지 않은 데서 모으는 줄로 네가 알았느냐 그러면 네가 마땅히 내 돈을 취리하는 자들에게나 맡겼다가 내가 돌아와서 내 원금과 이자를 받게 하였을 것이니라 하고 그에게서 그 한 달란트를 빼앗아 열 달란트 가진 자에게 주라 – 〈마태복음〉 25장 24~28절

*

우매자는 손을 거두고 자기 살을 먹느니라 – 〈전도서〉 4장 5절

예배와 기도만 드리는 것이 신의 뜻이라면, 왜 하나님은 우리에게 세상일에 대한 게으름을 경고하셨을까? 세상 여러 나라를 잘 관찰해보면, 국민이 종교에 몰입하는 나라치고 제대로 된 나라가 없다. 인간의 능력에는 한계가 있어서 세상일도 열심히 하고 종교 활동도 열심히 할 수는 없다. 종교인이라면 종교 활동에 거의 모든 에너지를 쏟아 부어야 하겠지만, 그 외의 사람들은 세상일에 에너지의 대부분을 투입하는 것이 당연하지 않을까.

비종교인이 종교인처럼 사는 것은 분명 신의 뜻은 아닐 것이다. 물론 나는 하루 종일 기도하고 《성경》만 보고 살았으면 한다. 먹고살 수만 있다면 말이다. 육체가 더 노쇠해서 일할 수 없

갈 만한 가치가 있는 곳에 빨리 도달하기 위한
지름길은 없다.

There are no shortcuts to any place worth going.

- 비벌리 실즈(Beverly Sills, 가수)

게 되면 나는 기도만 하고 살 것이다. 하지만 손가락 하나라도 움직일 수 있다면 하나님이 아직 할 일이 남았다는 것을 알려주시는 것이라 생각해서 끈질기게 일할 것이다.

나는 어렸을 때처럼 부지런해지고 싶어서 몸부림을 쳤다. 부지런하게 살고 있거나 부지런하게 살았던 사람들을 따라서 실천해보고 싶었다. 글 쓰는 것이 직업이다 보니 부지런한 작가들부터 찾아보았다. 명작은 능력과 운이 따라줘야 하지만 다작은 그저 열심만 내면 가능하지 않겠는가.

나는 무조건 책을 많이 쓴 사람들부터 본받고 싶다. 일본계 브라질 작가 료우키 이노우에는 의사 출신으로 1,083권의 소설을 썼다. 메리 포크너는 904권, 로렌 페인은 850권, 프렌티스 잉그레이엄은 600여 권 이상, 아이작 아시모프는 500여 권을 썼다. 서울대 법대 학장을 지낸 최태영 박사는 77세에 원고지 1만 4천 장 분량의 《서양법 철학의 역사적 배경》을 출간해 학술원 저작상을 받았고, 100세에 《인간 단군을 찾아서》를 저술했다.

료우키 이노우에는 2~3일 만에도 200쪽짜리 소설을 뚝딱 생산해냈다. 너무 질이 낮은 원고를 쓰는 것 같아 출판사에 앞으로는 문학성 있는 글을 쓰겠다고 했더니 다들 반대했다고 한다. 사실 걸작이 있으면 졸작도 있는 법이고, 졸작 소설을 보는 것도 꽤 재미있다. 나 같은 사람은 명저를 쓸 생각보다는 졸작이라도 많이 쓰고 볼 일이다.

위대한 수학자로 칭송을 받는 레온하르트 오일러(Leonhard Euler)는 76세에 세상을 떠날 때까지 수학 연구 논문 886편과 75권의 책을 집필했다. 요즘의 일반 책 사이즈로는 몇 권이나 될지 가늠조차 하기 힘든 분량이다. 더욱이 그중의 절반 이상은 60세에 장님이 된 뒤 쓴 것이다. 하버드대학교 명예교수인 일본인 수학자 히로나카 헤이스케도 상당히 많은 논문을 썼다. 그는 보잘것없는 수준의 논문이라도 무조건 써야 한다고 말했다. 파블로 피카소(Pablo Picasso)는 무려 5만 점의 작품을 제작했지만, 그중에서 명작으로 평가받는 것은 0.4%인 200여 점에 불과하다.

어느 날 경제학 교수인 친구가 나에게 이런 말을 했다.

"어떻게 된 건지 요즘엔 어중이떠중이들이 경제학 책을 쓰고 방송을 하고 난리들이야. 그런 비전문가들의 말을 듣고 엉뚱한 결정을 내리지 않았으면 좋겠어."

재능은 아무것도 아니다. 겸손과 노력으로 얻은 경험이 전부다.

Talent means nothing, while experience, acquired in humility and with hard work, means everything.

- 파트리크 쥐스킨트(Patrick Süskind, 소설가)

나는 나보다 열 배는 더 부지런히 살아온 그 친구에게 주제를 모르고 대꾸했다.

"자네 같은 전문가들이 안 나서니 그런 비전문가들이 나서는 게 아니겠나?"

친구는 고개를 끄덕였다.

"가슴 뜨끔한 소리를 하는군."

이 책의 메시지는 단순하다. 미래에 대해 거창한 꿈을 꾸지 말고 지금 당장 할 일부터 하라는 것이다. 앞에서 여러 번 언급했지만 미래에 대해 거창한 꿈을 꾸다가는 오히려 게을러질 수 있다. 게다가 정말 그렇게 될 것으로 착각해서 교만해질 수도 있다. 긍정적 사고의 부작용에 대해 오랫동안 연구해온 가브리엘 외팅겐 교수도 《무한긍정의 덫(Rethinking Positive Thinking)》의 말미에 "긍정적 사고에 의지하지 말고 스스로 노력해야 한다"고 역설했다.

당신의 친구들은 당신의 잠재력을 믿을 것이고, 당신의 적들은 당신이 그 잠재력을 믿고 살도록 유도할 것이다.

Your friends will believe in your potential, your enemies will make you live up to it.

- 팀 파고(Tim Fargo, 작가)

나의 한 지인은 외국에서 의류 공장을 하는데, 수년 전부터 1년 순수익이 100억 원대에 달할 만큼 성공했다. 하지만 그는 그렇게 큰 사업을 하겠다는 꿈을 꾼 적이 없었다고 한다. 시간이며 날짜가 언제 지나가는지도 모르고 일에 매달리다 보니 그렇게 됐다는 것이다.

이미 벼랑 끝에 몰려 있는 상황이라면 어떻게 해야 하는가?

대입 수능시험이 한 달 앞으로 다가왔는데 공부가 하나도 안 되어 있다. 내가 목표로 하는 대학은 SKY이다. 이런 학생은 앞으로 한 달 동안 하루 24시간 공부를 해도(이것도 물론 가능하지 않다) SKY에 들어가지 못한다. 그런 학생들에게 나는 이렇게 조언해주고 싶다.

"지금부터 다시 공부를 시작하는 거야. 한 달 뒤에 있을 수능은 기대하지 말고, 고등학교 3학년 첫날처럼 새 출발을 하는 거지."

지금 출발하면 남들보다 몇 달 더 공부할 수 있다. 이제부터는 집에서 공부하지 않기로 한다. 장담하는데, 집에서는 컴퓨터 게임을 하거나 TV를 보거나 인터넷 소설을 보느라 시간을 다 소

땀을 흘리면서 물에 빠져 죽는 사람은 없다.

No one ever drowned in sweat.

- 미 해병대(USMC)

비한다. 도서관에 거머리처럼 달라붙어 촌놈처럼 끈질기게 느리게 공부해야 한다. 도서관 문을 열 때 들어가서 문 닫을 때까지 딴짓하지 않고 꾸준히 공부하면 거의 다 원하는 대학이나 비슷한 수준의 대학에 들어가게 된다.

앞으로 일주일 뒤에 10억 원을 갚아야 하는데 갚을 가능성이 제로다. 이럴 때는 채권자들에게 정직하게 먼저 말하는 것이 현명하다. 물론 그렇게 말하는 것이 죽기보다 어려울지 모른다. 그래도 빨리 다시 일어서려면 정직하게 정면으로 대처하는 것이 최선의 방법이다. 채권자들도 처음엔 큰 충격을 받겠지만, 시간이 지나면 그들도 기다리는 것 외에는 다른 방법이 없다는 것을 알게 된다.

위기에서 탈출하려면 위기에 몰려서도 해야 할 일을 해야 한다.

일본의 정신과 의사 모리타 마사타케는 도쿄대학 의학부에 다닐 때 노이로제에 걸렸다. 아무리 약을 먹어도 좋아지지 않았다. 그런데 부모가 깜박 잊고 돈을 보내지 않는 일까지 벌어졌

재능 없는 노력은 안타깝지만, 노력 없는 재능은 비극이다.

Hard work without talent is a shame, but talent without hard work is a tragedy.

- 로버트 하프 인터내셔널(Robert Half International, 인적자원 컨설팅 회사)

다. 그때 모리타는 이렇게 생각했다.

'돈이 없어 약도 살 수 없다. 어차피 병으로 죽을 거라면 좋은 성적이나 한번 내보자.'

고민한다고 문제가 해결되지는 않는다는 판단에서 당장의 공부에만 집중했더니 그의 노이로제도 치료되고 성적도 올라갔다.

현실에서 최선을 다하는 것만큼 긍정적인 행동은 없다. 최선을 다하면 기적을 찾지 않아도 된다. 기적을 구하는 입장이라면 살아도 산 게 아닌 절박한 상태일 것이다. 기적을 찾는 일이 계속되면 결국 벼랑 끝으로 몰리게 된다. 신에게 자비를 구해도 신은 대답하지 않는다. 내가 지금까지 살아오면서 깨달은 한 가지는 "노력을 대신할 수 있는 것은 단 하나도 없다"는 것이다.

현재 벼랑 끝에 서 있는 상황이라면 모리타 박사처럼 평소에 할 일을 하면 된다. 내 어깨를 누르는 짐이 100이라 할 때 지금 바로 일하면 99.5로 줄일 수 있다. 0.5만 줄어도 훨씬 살기 편해진다. 그리고 조금 더 일해서 90으로 줄어들면 그때부터는 신나게 일해서 회복할 수 있게 된다.

내가 지금까지 살아오면서 깨달은 또 한 가지는 "해야 할 일을 지금 당장 하는 것만큼 중요한 것은 없다"는 것이다. 젊은이들이 명심하기를 바란다.

보통 사람이 기도했다. “지금 과자 하나만 주십시오.” 신이 대답했다. “내가 하는 말을 들으면 내일 과자 100개를 갖게 해주겠다.”

The common man prays, ‘I want a cookie right now!’ And God responds, ‘If you’d listen to what I say, tomorrow it will bring you 100 cookies.’

- 크리스 제이미(Criss Jami, 작가)

참고문헌

인용하지 않은 문헌도 일부 포함

• 교통안전공단. (2006). *GYRO 항공안전장애보고제도 월간소식지*, 제81호.

• 기거렌처, 게르트. (2008). *생각이 직관에 묻다(Gut Feeling)* (안의정 옮김). 추수밭.

• 나치선전. (n.d.). *Holocaust Encyclopedia*. United States Holocaust Memorial Museum. https://encyclopedia.ushmm.org/content/ko/article/nazi-propaganda

• 브리티시 미들랜드 국제항공 92편 추락 사고 (2019). In *나무위키*. Retrieved Mar 30, 2019, from http://namu.wiki/w/브리티시%20미들랜드%20국제공항%2092편%20추락%20사고

• 삼풍백화점붕괴사고. (n.d.). In *Wikipedia*. Retrieved Nov 17, 2018, from https://ko.wikipedia.org/wiki/삼풍백화점_붕괴_사고

• 에런라이크, 바버라. (2011). *긍정의 배신(Bright-Sided)* (전미영 옮김). 부키.

• 외팅겐, 가브리엘. (2015). *무한긍정의 덫(Rethinking Positive Thinking)* (이종인 옮김). 세종서적.

• 인지부조화. (n.d.). In *Wikipedia*. Retrieved Nov 17, 2018, from https://ko.wikipedia.org/wiki/인지부조화.

• 코먼, 로저. (2000). *나는 어떻게 할리우드에서 백 편의 영화를 만들고 한 푼도 잃지 않았는가(How I made a hundred movies in Hpllywood and never lost a dime)*. 열린책들.

• 하타무라 요타로 & 와다 히데키. (2002). *실패의 시대* (이규영 옮김). 글담.

• Alpert, J. (Sep 21, 2013). How the Law of Attraction and Wishful Thinking Keep You Fearful. *Huffpost*.

• Anchoring Bias. (n.d.) CFI. Retrieved Mar 23, 2019, from https://corporatefinanceinstitute.com/resources/knowledge/trading-investing/anchoring-bias/

• Balcetis, E. (2014). Wishful Seeing. *the Psychologist*, Vol 27.

• (The) Bandwagon Bias – The Dangers of Groupthink. (2017). https://www.interaction-design.org/literature/article/the-bandwagon-bias-the-dangers-of-groupthink

• Bandwagon Examples. (n.d). *Softschools.com*. http://www.softschools.com/examples/fallacies/bandwagon_examples/488/

• Bayne, T. (2008). Delusion and Self-Deception: Mapping the Terrain. In T. Bayne & J. Fernandez (eds), *Delusion and Self-Deception: Motivational and Affective Influences on Belief-Formation*.

• Bastardi, A., Uhlmann, E. L., & Ross, L. (2011). Wishful Thinking: Belief, Desire, and the Motivated Evaluation of Scientific Evidence. *Psychological Science*, 22. doi:10.1177/0956797611406447.

• Ben, Y. (Sep 2, 2018). The Lying Mind: The Cognitive Biases Tricking Your Brain. *The Atlantic*.

• Bias from Overconfidence: A Mental Model. (n.d.). FS Farnam Street. Retrieved Oct 22, 2018, from https://fs.blog/2015/04/bias-from-overconfidence/

• Beres, D. (Jan 1, 2018). Why Negative Thinking Has Cognitive and Emotional Benefits. *Big Think*. https://bigthink.com/21st-centuryspirituality/why-negative-thinking-works

• Block, J. (n.d.). Your Comfort Zone is The Danger Zone! The Jayblock Companies. Retrieved Feb 1, 2019, from https://jayblock.com/your-comfort-zone-is-the-danger-zone/

• Bloom, L. & Bloom, C. (Aug 11, 2017). The Bandwagon Effect: Are we going to think for ourselves? *Psychology Today*. https://www.psychologytoday.com/intl/blog/stronger-the-broken-places/201708/the-bandwagon-effect

• Boffin, C. (n.d.). Making Rapid Decisions Under Pressure – It's all in the Brain! Retrieved Nov 23, 2018, from https://www.thebci.org/news/making-rapid-decisions-under-pressure-it-s-all-in-the-brain.html/

• Booker, C. (Apr 9, 2011). What happens when the great fantasies, like wind power or European Union, collide with reality? *Telegraph.co.uk*.

• Bordalo, P., Gennaioli, N., & Shleifer, A. (2012). Salience and Consumer Choice. *Journal of Political Economy*, Vol 121.

• Bortolotti, L. (2014). The epistemic innocence of motivated delusions. *Consciousness and Cognition*, 33.

• Brenner, G. (2014). What I Wish You Knew About Fear. Retrieved Mar 26, 2019, from https://gailbrenner.com/2014/03/what-i-wish-you-knew-about-fear/

• Brown, L. (n.d.). A Zen master explains why "positive thinking" is terrible advice, Retrieved Nov 12, 2018, from https://ideapod.com/zen-master-explains-positive-thinking-terrible-advice/

• Carmel, D., Nasrallah, M., & Lavie, N. (2009). Murder, she wrote: Enhanced sensitivity to negative word valence. *Emotion, 5.*

• Chance, Z., Gino, F., Norton, M.I., & Ariely D. (Aug 19, 2015). The slow decay and quick revival of self–deception. *Frontiers in Psychology*.

• Chance, Z. & Norton, M.I. (2015). The What and Why of Self–Deception. *Current Opinion in Psychology*. Dec.

• Cohen, P. (Oct 9, 2009). Author's Personal Forecast: Not Always Sunny, but Pleasantly Skeptical. *New York Times*.

• Cherry, K. (May 4, 2019). Bandwagon Effect as a Cognitive Bias. https://www.verywellmind.com/what–is–the–bandwagon–effect–2795895

• Cognitive bias. (n.d.). In *Wikipedia*. Retrieved Aug 1, 2018, from https://en.wikipedia.org/wiki/Cognitive_bias/

• Confirmation bias. (n.d.). In *Wikipedia*. Retrieved Aug 1, 2018, from https://en.wikipedia.org/wiki/Confirmation_bias

• The Confirmation Bias: Why People See What They Want to See. (n.d.). https://effectiviology.com/confirmation–bias/

• Cowen, T. (2005). Self–Deception as the Root of Political Failure. *Public Choice*, Vol 124.

• Davies, M. (2008). Delusion and Motivationally Biased Belief: Self–Deception in the Two–Factor Framework. In T. Bayne & J. Fernandez (eds), *Delusions and Self–Deception: Affective Influences on Belief–Formation*.

• Dean, J. (n.d.). Destructive Daydreams: Why Wishful Thinking is Dangerous. Retrieved Sep 11, 2018, from https://www.spring.org.uk/2012/06/destructive–daydreams–why–wishful–thinking–is–dangerous.php/

• Dean, J. (n.d.). Success! Why Expectations Beat Fantasies. Retrieved Sep 11, 2018, from /www.spring.org.uk/2011/01/success–why–expectations–

beat–fantasies.php/

• (The) Decision Lab. (n.d.). Bandwagon Effect. https://thedecisionlab.com/bias/bandwagon–effect/

• Deaton, J. (n.d.). How to find the Positive Side of Negative Thinking. *Headspace.com.* Retrieved Mar 22, 2019, from https://www.headspace.com/blog/2017/07/23/positive–side–negative–thinking/

• Ehrenreich, B. (2010). Bright–sided: How Positive Thinking Is Undermining America. *Picador*.

• Eric Funkhouser, E. (2005). Do the Self–Deceived Get What They want? *Pacific Philosophical Quarterly*. 86.

• Examples of Overconfidence. (n.d.). *Your Dictionary*. https://examples.yourdictionary.com/examples–of–overconfidence.html

• Forbes Coaches Council. (Mar 22, 2018). 10 Ways To Beat Procrastination And Get Things Done.

• Garcia, D., Garas, A., & Schweitzer, F. (2012). Positive words carry less information than negative words. *EPJDataScience. 1:3.*

• Gilbertson, T. (2012). Warning: Positive Thinking May Be Harmful to Your Health, Retrieved Sep 12, 2018, from https://tinagilbertson.com/warning–positive–thinking–may–be–harmful–to–your–health/

• GoldhillMarch, O. (2017). Humans are born irrational, and that has made us better decision–makers. Mar 4. Retrieved Aug 23, 2018, from https://qz.com/922924/humans–werent–designed–to–be–rational–and–we–are–better–thinkers–for–it/

• Gottiberg, K. (2019). Is Your Thinking Lazy? Or Is It Just a Bad Case Of Cognitive Ease? https://www.smartliving365.com/is–your–thinking–lazy–

or-is-it-just-a-bad-case-of-cognitive-ease/

• Hagen, H. (2008). Non-Bizarre Delusions as Strategic Deception. In Elton, S. & O'Higgins, P., *Medicine and Evolution: Current Applications, Future Prospects*.

• Head in Sand? How The Ostrich Effect Thwarts Your Success. (May 30, 2017). https://curiosity.com/topics/head-in-the-sand-how-the-ostrich-effect-thwarts-your-success-curiosity/

• Heshmat, S. (Apr 23, 2015). What Is Confirmation Bias? *Psychology Today*.

• Hill, O. N. (n.d.). In *Wikipedia*. Retrived Aug 1, 2018, from https://en.wikipedia.org/wiki/Napoleon_Hill/

• How to Beat Procrastination (Backed by Science). (2018). Retrieved Jan 14, 2019, from https://dariusforoux.com/beat-procrastination/

• Hull, J.H. (1995). Self-deception as a coping strategy for christians. *Christian Action Journal*. Autumn.

• Irrational decisions driven by emotions. (2006). Retrieved Dec 12, 2018, from https://www.ucl.ac.uk/media/library/decisionbrain/

• Ising, M. & Holsboer, F. (2006). Genetics of stress response and stress-related disorders. *Dialogues Clin Neurosci*. 8(4).

• Ito TA1, Larsen JT, Smith NK, & Cacioppo JT. (1998). Negative information weighs more heavily on the brain: the negativity bias in evaluative categorizations. *J Pers Soc Psychol*. 4.

• Jantz, G. (Oct 5, 2017). How False Guilt Leads to Stress. https://www.aplaceofhope.com/how-false-guilt-leads-to-stress/

• Jarret, C. (Oct 8, 2012). The Power of Negative Thinking. *Adobe 99U*. https://99u.adobe.com/articles/7232/the-power-of-negative-thinking

• Jedrzejczyk, J. (Nov 27, 2016). 7 Reasons Why Positive Thinking Will Ruin Your Life. https://imprific.com/janjedrzejczyk/positive-thinking/

• Jørgensen, P. & Aagaard, J. (1988). A multivariate predictor analysis of course and outcome in delusional psychosis. *Acta Psychiatrica Scandinavica*. 77.

• Kappes, HB. & Oettingen, G. (May 30, 2012). Wishful Information Preference Positive Fantasies Mimic the Effects of Intentions. *Personality and Social Psychology Bulletin*.

• Kenton, W. (Jul 20, 2018). Bandwagon Effect. https://www.investopedia.com/terms/b/bandwagon-effect.asp

• Kopf, D. (Mar 11, 2018). You're probably way too optimistic about your future happiness. https://qz.com/1225195/youre-probably-way-too-optimistic-about-your-future-happiness/

• Kornell, N. (2011). A Stability Bias in Human Memory. In Norbert Seel (ed.), *Encyclopedia of the Sciences of Learning*. DOI 10.1007/978-1-4419-1428-6.

• Kreiner, J. (Apr 24, 2019). How to reduce digital distractions: advice from medieval monks. *Aeon*. https://aeon.co/ideas/how-to-reduce-digital-distractions-advice-from-medieval-monks

• Lauytee. (2010). Positive Thinking vs Wishful Thinking! Dec 12. Retrived Jan 11, 2019, from https://lauyee.wordpress.com/2010/12/12/positive-thinking-vs-wishful-thinking/

• (The) Law of Attraction. (n.d.). In *Wikipedia*. Retrieved Aug 1, 2018, from https://en.wikipedia.org/wiki/Law_of_attraction_(New_Thought)/

• Lawrence, P. & Nohria, N. (2002). *Driven; how Human Nature Shapes Our Choices*.

• Leibenstein, H. (May, 1950). Bandwagon, Snob, and VeblenEffects in the Theory of Consumers' Demand. *The Quarterly Journal of Economics*.

• LeMind, A. (2013). How to Make Your Wishes Come True with the Power of Thought. Retrieved Sep 1, 2018, from https://www.learning-mind.com/how-to-make-your-wishes-come-true-with-the-power-of-thought/

• Liu, B. (Dec 10, 2013). Elon Musk: I Listen to Negative Feedback. https://www.linkedin.com/pulse/20131210010653-123941699-elon-musk-i-listen-to-negative-feedback

• Lopez, G. (Nov 18, 2017). Why incompetent people often think they're actually the best. *Vox*. Retrieved Sep 4, 2018, from https://www.vox.com/science-and-health/2017/11/18/16670576/dunning-kruger-effect-video/

• Makridakis1, S. & Moleskis, A. (2015). The costs and benefits of positive illusions. *Front Psychol*. 6.

• Mar, A. (Dec 12, 2012). The Difference Between Optimism And Wishful Thinking. Retrived Oct 2, 2018, from https://business.simplicable.com/business/new/wishful-thinking-versus-optimism/

• Miyazono, K. (2015). Delusions as harmful malfunctioning beliefs. *Consciousness and Cognition*. 33.

• Moore, D.A. (Jan 22, 2018). Overconfidence: The mother of all biases. *Psychology Today*. https://www.psychologytoday.com/us/blog/perfectly-confident/201801/overconfidence

• Murphy, M. (Jan 24, 2017). The Dunning-Kruger Effect Shows Why Some People Think They're Great Even When Their Work Is Terrible. *Forbes*.

• Naughton, J. (Aug 6, 2017). Thinking makes for bad policy. https://medium.com/@jjn1/wishful-thinking-makes-for-bad-policy-51aaf74aea2/

• Nazar, J. (Nov 7, 2013). The Biggest Business Blunders in History. *Business Insider*. https://www.businessinsider.com/the-biggest-business-blunders-in-history-2013-11

• O'Brien, E. (Apr 4, 2013). Easy to Retrieve but Hard to Believe: Metacognitive Discounting of the Unpleasantly Possible. *Psychological Science*.

• Oettingen, G. & Wadden, T.A. (1991). Expectation, fantasy, and weight loss: Is the impact of positive thinking always positive? *Cognitive Therapy and Research*. Vol 15.

• Oltmanns, T. (1988). Approaches to the Definition and Study of Delusions. In Oltmanns, T. & Maher, B. (Eds), *Delusional Beliefs*.

• Paterson, S. (Jul 25, 2015). Stress, Anxiety and Fear – What's the Difference, and Why's it Relevant to the Workplace? *Kogan Page*. https://www.koganpage.com/article/stress-anxiety-and-fear-what-s-the-difference-and-why-s-it-relevant-to-the-workplace

• Persuasion Pursuit. (n.d). The Bandwagon Effect in Marketing – How to Use It To Sell Up a Storm. https://www.persuasionpursuit.com/bandwagon-effect-marketing-use-sell-storm/

• Poerio, G., Totterdell, P., Emerson, LM., & Miles, E. (2015). Love is the triumph of the imagination: Daydreams about significant others are associated with increased happiness, love and connection. *Consciousness and Cognition*. 33.

• Positive Illusion. (n.d.). In *Wikipedia*. Retrieved Nov 22, 2018, from https://en.wikipedia.org/wiki/Positive_illusions/

• Pullein, C. (May 2, 2018). Why Your Comfort Zone Is The Most Dangerous Place On Earth. *Working with Magazine*. https://medium.com/carl-pullein/

why-your-comfort-zone-is-the-most-dangerous-place-on-earth-aec44723888e

• Rathbone, C.J., Holmes, E.A., Murphy, S. E., & Ellis, J. A. (Mar 16, 2015). Autobiographical memory and well-being in aging: The central role of semantic self-images. *Consciousness and Cognition*.

• Robinson, J. (n.d.). Why Stress Is Contagious. Retrieved Apr 27, 2019, from https://www.worktolive.info/blog/bid/322776/why-stress-is-contagious

• Roesler, P. (Apr 20, 2015). 8 of the Biggest Business Mistakes in History. *Inc*. https://www.inc.com/peter-roesler/8-of-the-biggest-business-mistakes-in-history.html

• Sahdra, B. & Thagard, P. (2003). Self-Deception and Emotional Coherence. *Minds and Machines*. 13.

• Salience. (n.d.). Psychology. Retrieved Dec 3, 2018, from https://psychology.iresearchnet.com/social-psychology/social-cognition/salience/

• Salience Bias. (n.d.). Salience Bias. The Decision Lab. Retrieved Dec 3, 2018, from https://thedecisionlab.com/biases/salience-bias/

• Samuelson, W. & Zeckhauser, R. (1988). Status Quo Bias in Decision Making. *Journal of Risk and Uncertainty*. 1.

• Sasson, R. (n.d). What Is Positive Thinking and Why You Need It. Retrieved Oct 30, 2018, from https://www.successconsciousness.com/blog/positive-attitude/what-is-positive-thinking/

• Sirois, F. (Feb 23, 2018) The surprising benefits of being a pessimist. *The Conversation*. https://theconversation.com/the-surprising-benefits-of-being-a-pessimist-91851

• Stafford, T. (Nov 25, 2013). The more inept you are the smarter you think. *BBC*. http://www.bbc.com/future/story/20131125-why-the-stupid-say-theyre-smart/

• Sweeney, J., Geoffrey N. Soutar, G., & Mazzarol, T. (2005). The Differences Between Positive And Negative Word-Of-Mouth - Emotion As A Differentiator? ANZMAC 2005 Conference: Consumer Behaviour.

• Taylor, S., Rebecca L. Collins, Laurie A. Skokan, & Lisa G. Aspinwall. (1989). Maintaining Positive Illusions in the Face of Negative Information: Getting the Facts Without Letting them Get to You. *Journal of Social and Clinical Psychology*. Vol 8.

• Taylor, S. & Brown, J. (July, 1994). Positive Illusions and Well-Being Revisited Separating Fact From Fiction. *Psychological Bulletin*.

• Tiwari, A. (Oct 18, 2015). Steve Jobs Was a Negative Person, Says Steve Wozniak. https://fossbytes.com/steve-jobs-negative-person-says-steve-wozniak/

• Tumbokon, K. (Feb 24, 2018). There Are Benefits Of Being A Pessimist, Scientists Say. *Tech Times*.https://www.techtimes.com/articles/221760/20180224/there-are-benefits-of-being-a-pessimist-scientists-say.htm

• von Hippel, W. & Trivers, R. (2011). *Behavioral And Brain Sciences*. 34. doi:10.1017/S0140525X10001354.

• Yerkes, R. & Dodson, J. (1908). The relation of strength of stimulus to rapidity of habit-formation. *Journal of Comparative Neurology and Psychology*. 18. doi:10.1002/cne.920180503.

• Weinstein, N.D. (1980). Unrealistic Optimism About Future Life Events. *Journal of Personality and Social Psychology*. Vol 39.

• Wetterling, A. (May 18, 2017). The Illusion of Overconfidence: Overconfidence. *Become a Better Investor Now*. https://becomeabetterinvestor.net/blog/the-illusion-of-overconfidence-overconfidence/

• What is the ostrich effect? (Nov 11, 2016). *eZonomics by ING*. https://www.ezonomics.com/whatis/the-ostrich-effect

• Wheal, C. (Jul 26, 2017). Overconfidence bias: think you know more than you do. *Capital.com*. https://capital.com/overconfidence-bias-think-you-know-more-than-you-dow

새우와 고래가 함께 숨쉬는 바다

긍정아,
너를 믿지 못하겠다

지은이 | 석 필
펴낸이 | 황인원
펴낸곳 | 도서출판 창해

신고번호 | 제2019-000317호

초판 1쇄 인쇄 | 2020년 01월 23일
초판 1쇄 발행 | 2020년 01월 31일

우편번호 | 04037
주소 | 서울특별시 마포구 양화로 59, 601호(서교동)
전화 | (02)322-3333(代)
팩스 | (02)333-5678
E-mail | dachawon@daum.net

ISBN 978-89-7919-000-7 (03320)

값 · 16,000원

이 도서의 국립중앙도서관 출판예정도서목록(CIP)은 서지정보유통지원시스템 홈페이지(http://seoji.nl.go.kr)와 국가자료종합목록 구축시스템(http://kolis-net.nl.go.kr)에서 이용하실 수 있습니다.(CIP제어번호 : CIP2020001936)

Publishing Club Dachawon(多次元)
창해·다차원북스·나마스테